等你回來，
雖然你從未離開

燕子——著

目錄 CONTENTS

第二章 甦醒以後 077

第三章 相依爲命 117

推薦序

那些外人無法理解的時光，包藏著如此龐大的愛

吳念真

其實我一直不知道小朱的名字，雖然我們一起工作過很長的一段時間。

他是很有效率、和許多攝影師都很有默契的燈光指導，很棒的工作夥伴，看到他就很安心……好像知道這些就好，名字並不重要。

他所帶領的燈光組讓我印象最深刻的是——安靜。

也許是工作需要吧，燈光組通常是拍片現場指令傳達最多的一群，尤其是在外景地，因爲場域寬闊，調燈的時候全場幾乎都是燈光組彼此扯開喉嚨呼喊、吆喝、甚至開罵的聲音，搞得整個拍片現場就像兩軍相互叫囂的戰場。

而小朱的燈光組好像在很久很久之前，就率先使用帶有口邊麥克風的無線通話器，所以整組人幾乎都是在無聲狀態下工作著。

記得有一次在山區拍夜景，小朱正指揮打燈，我經過他身邊時說：「慢慢來，我先去小個便！」然後我就聽見小朱小聲下指令說：「××，導演要小便，你把山坡那個燈先打亮！」

我啼笑皆非的罵說：「小朱，你是要全場的人都集中視線觀賞導演小便嗎？」罵完才發現我是那當下全場最吵的人。

拍片過程中最不缺乏的狀態叫「等待」，等陽光、等一片雲飄開、等演員化妝或者等客戶、等某個習慣遲到的大牌到來。而打發等待最自然的方式就是聊天。記得小朱最愛聊的主題好像都離不開器材和車子，只有一回大家忽然聊到工作和家庭。記得小朱說起他太太的樣子，說他們倆都是彼此初戀的對象，然後就牽手成夫妻了，所以「只懂一種戀愛模式」。

當他說起他們之間生活的小事時，感覺就像初戀的浪漫無限延長，而太太在他口中好像一直都還是那個初戀的小女生，或者是一個有大哥哥護衛、陪伴著的妹妹一樣。

都覺得我們會一直這樣相處下去的：熟悉的工作夥伴、熟悉的工作方式，收工也只是另一次碰頭的開始，直到有一天我已老到沒有力氣，或者被這個行業淘汰為止。

無數次想過，如果那天到來，我該怎麼跟這群夥伴告別、怎麼跟他們道謝，而從沒料到的是，最先離開這個工作組合的竟然是小朱。

「小朱車禍了！」「狀況如何？」「很嚴重！」「需要什麼幫忙嗎？」他太太說此刻最需要的是大家幫小朱祈禱、集氣！

初期，群組中密集傳遞著這樣的訊息。

「小朱怎麼樣了？」「好像不太認得人。」「啊？有可能再回來工作嗎？」「也許，但可能要很久哦……」

之後各自持續的忙碌和時間無聲走過，於是我們好像都把小朱給忘了。偶爾想起他，想知道他的近況時，得到的回應好像也都是間接且模糊的。

再見到小朱，離他車禍到底已經過了多久其實毫無概念，直覺以為應該只是幾個月最多半年的事吧？

記得那天我們在河岸邊拍片，視野廣闊，陽光很好，是他的初戀情人帶他來的。

那應該是我第一次看到她——雖然之前我們偶爾會在臉書上打招呼，而就和始終不確定小朱的名字一樣，我只記得她的暱稱，燕子。

我拍完一個鏡頭之後朝他們走過去，兩個人都燦爛的笑著。

燕子問他說：「你知道他是誰嗎？」

小朱說：「吳導啊！」

那時候只覺得小朱的改變並沒想像中大，除了因爲傷勢的關係，模樣有點小小的差異，以及講話和反應有點緩慢之外，他還是小朱。我們認得他，而他也還認得我！

我還挺認真的跟他說：「你遲到了哦！等你拍下一個鏡頭哦！」

那時候的直覺是：時間可以讓他復原成這個狀態……很棒！感謝神明保佑！

都要讀了燕子的書稿之後才知道，**在外人所謂「時間」這個空洞的概念中，其實隱藏著除了當事人之外，絕對無法理解、無法感受的種種血淚斑斑的考驗和折磨。**

若非她那麼詳盡記錄著小朱從急救到重拾生命的過程，以及之後一如嬰孩般重新學習如何處理基本生理需求、重新學習語言、學習面對環境和生活，甚至逐步喚回記憶的點點滴滴，或許直到今天我都還會以爲那天我所見到的小朱，只不過是類似傷口經過一段時間之後會自然結痂、然後痊癒，難免會留下些許疤痕的自然過程而已。

若非她自我許諾要記錄這整個過程與其他腦傷病患的家人分享，並彼此鼓舞面對漫長的以後，在外人幾乎毫無知覺的時間流逝過程中，我們完全不知道小朱口中那個永遠不失浪漫的初戀情人、一直有大哥哥護衛、陪伴的妹妹，已經堅強的逼使自己成爲一家之主、成爲看護、成爲母親、成爲老師、心理治療師等多重身分，去面對她所摯愛的人、家庭以及所有始料未及的各種困境和挫折。

說來或許俗濫，但狀態卻又如此眞實：愛、信心，恆心和毅力，讓燕子創造了奇蹟。

不久之前，燕子在臉書上貼了一段影像，是她和小朱在某個地方喝飲料，燕子問小朱要如何打燈才能讓桌上的飲料拍起來好看。只見小朱做出影像工作者本能的手勢，抬起右手略略闔起手掌作燈光狀，說：「從這邊打光！後面要修……」然後又說：「……拍汽車打光最難，因爲烤漆像鏡面，到處都有反光。」

那時候燕子的書稿我早已讀完了，知道燕子在過往一段漫長的時光裡，已經把小朱帶到一個近乎神奇的階段，但看到這段影像時自己忍不住熱淚盈眶，因爲那個手勢、那句看似平常的話，對我來說卻是無比震撼。**因為燕子可能不知道，她連曾經的燈光指導小朱，也都幫我們帶回來了呢！**

謝謝燕子，妳給小朱、給許多人帶來春天，帶來希望。

推薦序

關乎愛與信念的奇蹟

柯一正

有一次到日本旅行，借宿在一位派駐東京的記者朋友住所。早餐時突然聽到朋友一聲驚呼，他把手上的《朝日新聞》遞給我看，可是我不懂日文。他指著報紙上的照片，是一個插著鼻胃管的老人躺在病床上睡覺，我正想這麼平常的照片也上得了新聞。

朋友用興奮的語氣叫著：「看他的手！看他的手！」

「老人的手出剪刀？」我問。

朋友才用稍平靜的語氣解釋，老人車禍昏迷臥床多年，但家人每天和他聊天，這是在幫他擦身子時，家人說了一段話，並告訴他如果聽得見就給他們訊號，於是看到老人右手比了一個「V」。

這證明有的長期昏迷者是聽得見的！朋友又發出驚呼。這是一條大新聞！

我當時也覺得是條大新聞，但如果那位記者朋友今天看到燕子這本書，從朱師傅車禍腦部重創昏迷到被喚醒，然後像回到嬰兒期開始學說話、學吃飯、學走路，慢慢到可以交談、表達情緒，即使記憶是短暫的，也一定會驚呼：這簡直是奇蹟！

但朱師傅能慢慢好轉，不完全是奇蹟。這是許多細節累積出來的效果，是太太燕子全心全力、不離不棄的照顧；是在黑暗中仍然堅持信念，用盡各種方法、時間，不惜得罪親人只求最親愛的丈夫能夠康復，細心照料的結果。

其中當然有奇蹟，是做對了轉院的決定，是朋友及時給了正確的指引；還有在打擊、絕望中把自己整合起來，拖著驟減十幾公斤的身體再把先生撐起來，只爲了讓他的生命有尊嚴。

燕子把這段對她來說完全折磨的心路歷程記錄下來。當夜深人靜，折騰了一天等朱師傅睡著之後寫下的心情，是那麼即時而眞切。

我們才會知道這事件延伸出許多意想不到的麻煩，如：保險給付的問題，好的保險公司讓你安心，而惡質的保險公司讓人寒心；親人的不信任、無情的言語或不適當的過度關心，也會擊潰照顧者。照顧人在照顧病患之外，還要冷靜下來思索對策。

如果不是透過這本書，我們永遠只會看到事件的表面，在細節裡才是人生終將面對的考題。

燕子堅信人有自癒能力，只要不放棄，學習遠離所有負面能量，以正向的意念面對未來的每一天。我不只認同，也試著用同樣的方式和我的身體相處。

燕子也曾封閉自己，怕麻煩別人，報喜不報憂，而讓自己置於高壓之下，結果身心俱疲，幾乎崩潰。很高興她終於放開心胸，讓我們進入她的世界，也讓我們再一次學習生命中重要的課題：愛與信念。

上一次看到他們，是我請燕子帶朱師傅來看我們的舞台劇「人間條件」。他步履蹣跚需要攙扶的來到後台，他一定沒辦法全看懂，打完招呼可能也忘了剛和誰見面，但大家想透過各種方式讓他找回記憶，讓那個責任心強、一心想照顧身邊每個人的朱師傅回來。

推薦序

一位燈光師與修補師的人生故事

陳玉勳

我拍廣告那十幾年，合作過的燈光師不少，他是我最喜歡的一位。剛認識時大家都叫他小朱，漸漸資深後，大家叫他朱師傅。

燈光組是很需要靠勞力的粗重工作，不畏寒冬炎夏，扛著幾十公斤重的燈具，上山下海，爬高台、走貓道，而且容易不小心被高壓電電擊，十分危險。

以前的燈光組員都十分粗獷隨性，脾氣暴烈、大而化之，但燈光師又必須十分細膩，能體會人間各種情感，抓住光陰流逝的瞬間，重新複製各種情緒的光影。那是個粗重又迷人的工作。

小朱師傅就是個非常細膩的燈光師，我可以感受到他對燈光攝影這門技術的熱愛和沉迷。他是那種無時無刻一直想著怎麼打燈會更好看的人，工作時永遠在攝影師旁邊，沒看過他打混。和上一代的燈光師不太一樣，他不菸不酒不賭，十分聰明又幽默，而且沒看過他板起臉罵人。十幾年前，別的燈光組打燈時都扯開嗓門大吼大叫，只有小朱帶領的燈光組是用無線對講機輕聲溝通。我感受到他不只是沉浸在技術裡，他還想改變燈光組的風氣。他也會熱情的幫劇組解決很多問題，和他一起工作總是能夠安心。

一直認爲朱師傅這樣的鐵錚錚男子漢，應該會身強體健、幸福快樂的過一輩子，沒想到一場車禍，把鐵男的人生和他的幸福家庭撞爛了。原本以夫爲天的朱太太燕子，勇氣十足的撐起了塌下來的天。面對瀕臨死亡的丈夫和如高速火車疾駛而來的各種難關，做任何決定都會影響丈夫生死的那種壓力是我無法想像的；後來的漫長復健過程，又是一個無窮盡的煎熬。

燕子在那些痛苦的日子寫了這本《等你回來，雖然你從未離開》，讀來讓人心驚膽跳又心疼不捨。一個勇敢的女人，靠著堅強的意志力和堅固的愛情，把丈夫的生命和魂魄拉回來自己身邊。我相信燕子的現實生活一定比書中描述的困難百倍，**那不是一場醒來就結束的惡夢，而是每天醒來都必須認清的現實**，並一點一滴努力把丈夫扳回

以前的樣子。

人生往往不會照著自己計畫好的藍圖走，遇到變故，有人選擇離去，有人跟著一起毀滅，燕子選擇的是面對挑戰。我想，唯有長久堅實的愛情，和以前建立的家庭幸福，才能構成燕子走下去的勇氣。

過去太幸福美滿，不能這樣就放棄，小朱還活著，就有希望再把幸福拉回來。燕子像一個修補師，把摔碎的花瓶，一小片一小片拾回來仔細修補；那細碎的每一小片都是小朱的一小部分靈魂，而修復的過程讓燕子重新檢視了兩人大半生的感情。我相信小朱一定會慢慢的完全康復，因爲在外流浪的人，一定會想回到溫暖的家。

推薦序

漫長而細膩的奇蹟

小莊

再見到小朱，是兩年後在家附近巧遇。他太太燕子攙扶著他迎面慢慢走來，說要去復健，他看上去有些微的不同，想必是經歷過磨難的印記。我很開心他還認得我，不知道是否因爲我碰巧在這行業待得夠久，所以還存留在他沒有毀損的長期記憶裡。

後來吃飯，飯菜上來時他不知道要拿筷子，我才發覺他看上去的不同，是因爲他始終維持著溫吞的笑容，那表情背後滿是自卑與恐懼，像是被扔在黑暗中的孩子找不到回家的路。他仍無法自由交談，燕子形容他的語言區就像腦子裡的圖書館經歷了地震，書籍掉了滿地找不到排序，所以常因爲想說的話找不到字彙可以表達而沮喪。

我由衷佩服他身旁這個女人。四年對照顧者來說，是非常漫長而煎熬的過程，不只是二十四小時全年無休的照顧，同時要應對親朋好友四方而來的壓力，還要處理自己焦慮憂鬱的心情。

看著小朱從瀰漫性腦創傷昏迷指數三，被醫生宣告隨時準備後事，到如今能牽著手走在路上，已經是個奇蹟，燕子仍沒有停下拯救丈夫的腳步，

一場車禍翻轉了一個家庭，見證了家的定義不只是同住在屋簷下的一群人，而是一份緊密連結的愛。**別說奇蹟在現實中十分罕見，有的時候它正以漫長而細膩的方式，在我們身邊發生。**

推薦序

降落人間的天使

新北市家庭照顧者關懷協會理事長　陳穎叡

和小燕子認識，是在一次我帶的家庭照顧者支持團體中，團體成員都是家庭照顧者；有人照顧先生，有人照顧兒子，有人照顧父母。團體中的每個成員都有各自的故事，有人每天去養護中心看先生、有人追著公車尋找走失的家人，每個人都因爲照顧，而有了自己從沒想過的能力。

小燕子在這裡面，是公認的正面能量代表。在面對丈夫復健的辛苦，她總是能找到一個角度，用有趣、搞笑、連哄帶騙、甚至浪漫的方式，找到與先生共處的模式。

曾經我擔心她是不是太故作堅強，擔心她沒有好好照顧自己。但在這本書裡，我們可以看到，她也曾失去信心，癱在客廳的地板上；也曾藉酒消除創傷症候群；對於丈夫進步的緩慢，也有焦慮與不安。在這過程中，她學會了好好照顧自己，學會給家人、朋友一些參與的空間。

如果你是一個家庭照顧者，相信這本書可以給你一些啟發，增加正面的能量，陪你走過照顧路。如果你是家庭照顧者的家人，希望這本書可以幫助你了解家庭照顧者的處境；**看到病人的時候，別忘了他身邊的家庭照顧者，問問他需要什麼幫助，並跟他說一句，「辛苦了，謝謝你」**。

照顧的路上，我們需要學習的事情還很多，讓我們一起努力吧！

新北市家庭照顧者關懷協會社工　廖憶嘉

※　※　※

燕子，就像我們常見的家庭照顧者，在變故發生之初，茫然失措、悲痛欲絕、彷彿天塌下來了一樣。但為了親愛的家人，即使再痛、再苦，都只能想盡辦法、用盡心力的活下來、撐下去。因為愛，她願意無時無刻照看著摯愛的另一半；因為愛，她願意以健康和時間，換來親愛的他生命延續。生活的重心、生命的全部，都只剩下照顧。

我眼中的燕子，既堅強又脆弱、既勇敢又怯懦，但爲了愛，她幾乎無所不能，也因爲愛，她卻步不前。只要認爲是對朱大哥好的事物，即便不在她的能力範圍之內，她依然會靠著意志力，強迫自己必須達成。但是，若因爲自己無心的疏忽造成些許意外時，她便容易責備自己考慮得不夠嚴密、做得不夠周全，但其實她已經做得太多、也太好了。

我們不希望看到新聞報導上，照顧悲劇的事件一再發生……**照顧是愛和負責的表現，但不是某個人絕對要和絕對能承受的重擔**。我們不希望照顧者太過堅強、太過負責；努力做自己能做的，不要讓自己遺憾，就已經足夠了。

雖然，我們來不及在燕子照顧朱大哥的初期，給予協助和陪伴，但幸好，我們之後一直都會在！除了燕子，我們也正在努力，讓更多有需要的人知道照顧者服務的存在，也希望我們能讓更多人了解，照顧眞的很辛苦。有些事應該盡力，但有時候也應該停下來休息一下，尋求旁人的協助。

燕子，是一株擁有獨特堅韌生命力的忍冬；即便環境再惡劣難忍，都能萌芽抽枝，找到希望！

※　※　※

律師　苗怡凡

燕子從南國掉進南極、深陷暴風雪，耗盡身體的能量，精疲力竭，但還是勉力帶著小朱，找回家的路。

跟燕子的談話之中，我一再被燕子的不離、不棄，深深感動。如果是我，遇到這樣的事，很難不慚愧的想，我能這樣堅持嗎？

出事前，小朱是出色的燈光師，經常與知名大導演配合，非常嚴格、不苟言笑，用有力的臂膀爲燕子搭起避風港；現在的小朱，智力好不容易恢復成孩子，雖然不知道冷熱、記不得家在哪，但會聽著燕子一個動作、一個口令；而且是個棒小孩，說「謝謝」時，會用盡肺腑之力大吼，外加阿甘式的點頭。雖然這樣的復原成績連醫師也驚訝，但燕子心裡的傷害及掙扎，一點也不輸小朱的腦傷。

我經常不敢想起小朱與燕子，一想起，心中會有太多不捨。

捨不得，天使竟降落於人間。

推薦序

愛與眼淚成為祝福的秋雨

國泰醫院汐止分院復健科醫師　韓紹禮

照顧創傷性腦損傷病人的壓力，往往不是腦傷本身，而是來自周遭的環境。因為不了解腦傷病患的特有認知缺陷，一些特異的行為或者日常生活的能力缺陷，往往會被誤認為是故意的，或是誤解爲照顧者的忽略，而給予照顧者太多不切實際的期待與責難，加深照顧者的罪惡感。這會造成主要照顧者身體與心靈的壓力，如果再加上保險與法律問題，種種的壓力加身，很少人能挺得過去。

筆者有幸在本書付梓前，先睹這本充滿愛的書。看著作者陪著先生走過人生的風暴，經歷許多不爲人知的壓力。她以過來人的身分，分享這段不容易的路程，暴露出台灣醫療照顧體系的缺陷、社會支持系統的不足，以及法律與保險的偏見等，最終以正面態度迎向所有的挑戰與困難。

誠如《聖經》說：「他們經過流淚谷，叫這谷變爲泉源之地，並有秋雨之福蓋滿了全谷。」因爲愛，作者願意承受來自照顧先生的所有壓力；也因爲愛，願意將這段過程分享出來，成爲其他家屬的安慰與祝福。回首這段路，她的愛與眼淚，將成爲祝福的秋雨，彌平醫療與法律的不足，鼓勵其他家屬繼續昂首高歌。

※　※　※

國泰醫院汐止分院腦神經外科醫師　許斯凱

三年多前，我第一次在診間看到朱先生及朱太太。一個行動緩慢，行走不太平衡、需要人攙扶，頭皮上有開過刀的痕跡、眼神迷濛的中年男性坐了下來，陪他來的是一位清瘦優雅的中年女性；她一手抱著一疊資料及筆記本，一手緊緊抓著身旁的丈夫，緊張的擔心他跌倒。

後來每段時間的門診追蹤，還是會看到樂觀、優雅又堅強的朱太太，帶著好像返老還童的朱先生，鼓勵他做治療。復健到傳統醫療，他們都做得非常認眞，點開門診紀錄就會發現去復健科的紀錄密密麻麻，但是腦傷病人的恢復本來就很難預期，朱太太的心情也就跟著朱先生的病情起起伏伏。

朱先生就這樣在復健科、神經外科，還有精神科轉來轉去，病情時好時壞。朱太太的狀態每況愈下，每次告訴我要堅持下去的語調也越來越虛弱，像是消氣的氣球，唯一不變的，是那堅定扶著先生的手。看著他們迎著陽光的背影，彷彿走入未知的光暈之中，前路迷茫也看不到希望。

隔了半年多，雖然仍是進步有限，但朱先生的動作變得俐落。他們憑著自己的努力，還有對對方的愛，克服重重難關。在朱先生自信的謝謝聲中，我感受到眞誠的感謝，聲音有了自信就有靈魂。他們一起走出診間時，一樣迎著門外的午後暖陽，這次卻讓我覺得很平和且充滿希望。因爲不管未來有什麼，他們都會一起堅定的面對。

因爲政府開始推行強制戴安全帽的關係，近年來台灣頭部外傷腦出血的病人，跟以前比起來明顯降低了很多。但是只要發生，依然常常造成病人嚴重的傷害，以及照顧家庭嚴重的問題。**我們醫師在診間用醫學知識評估、治療病人，但往往忽略了病人以及照顧者的身心靈。頭部外傷病人術後的照顧，也是需要一個醫療團隊的支持**（神經外科、復健科、身心科、社工、心理諮商師等）。

朱先生朱太太的例子讓我們反思，是不是可以做得更多，來幫忙這類病人及照顧者家庭，讓他們可以更平順的面對突來的困境，以及生活上的改變。除了醫療團隊之外，病友會的成立、利用團體的鼓勵力量，以及之前的成功經驗分享，相信也是強而有力的幫助與支持。

國泰醫院汐止分院身心科醫師　蘇渝評

※　※　※

「我怕生病的他還沒倒，我可能就先倒下了！」這是我常聽到的家屬心聲，而這也曾經是燕子的心聲。即使是醫院裡專業的護理人員，照顧病人也得分三班輪值，更何況是一般的家庭呢？即便是親近的家人，全年無休二十四小時日夜守護著，沒有人能負荷得了。

許多家屬努力照顧病人，卻忘了留意自己，結果自己的健康與生活也逐漸被拖垮。一旦發現自己有了狀況，請儘快搬救兵，不論是親人、朋友、鄰居、同事、老師、同學，只要是關心我們的人，都可以請求協助。當然也別忘了讓病人的醫師知道，如果發覺自己似乎快變成病人時，一定要向專業的醫療機構尋求協助。

請記得，**陪伴腦傷病人就像是場馬拉松賽跑，累了就減慢速度、喝口水，鞋帶掉了也得綁好再走；需要的不是爆發力，而是耐力與持久力**。與其密集但不一會兒就耗盡心力的照顧，還不如持續且穩定的陪伴。陪伴家人的同時，也千萬別忘了要好好照顧自己！

※　※　※

國泰醫院汐止分院復健師　楊韻臻

不同於醫師醫治患者是在生與死之間拔河，復健的任務在於功能與生活的重建。

初接觸朱先生前，我只概略從就醫紀錄上了解大致的病況——創傷性腦外傷的患者、肩關節重置；並依循平時的慣例草擬我的治療方向。看到朱先生本人後，我思考著：能夠自由行走，除了右手關節角度（但尚未進行外科處置）與力氣不足，復健應該只是短期。但超出我預期的，這位患者跟著我復健了好長好長一段時間。

每每被陪病的家屬、看護們問到：「他看起來好手好腳，沒中風也不用拄拐杖，爲什麼要來復健？」當我很制式化的回答：「外表看是好的，但也還是需要人照顧，不能自理。」時，無法體會燕子是用什麼樣的心情在面對著一切。

沒有親身經歷很難想像這樣的患者，在生活上有多少困難，也很難體會照顧一位行動自如，卻連吃飯、洗澡等再熟悉不過的事物，都需要反覆提醒時所耗費的心神、壓力，以及忍受旁人不理解的目光，需要多大的心理建設。記得燕子曾說：「先生是我的天，在他受傷前他給了我很多自由去飛；現在我的天垮了，換我撐起這片天帶著他飛！」

燕子說她非常感謝這路上所有支持她、鼓勵她的人，我想我也非常幸運能碰到這對夫妻，給了我機會不斷思考復健對於生活的意義。這本書記錄著燕子陪病的這段期間，所有的挫折與努力，憑藉著信念與對家人的愛，即使滿布荊棘，還是努力的飛。

※　※　※

醫道堂黃中醫診所院長・醫學博士　黃碧松

印象中，朱先生帶著憨憨的笑容，步履蹣跚由太太牽扶進診療室。朱太太說朱先生從事電視廣告燈光師職務，騎機車發生車禍造成嚴重的瀰漫性腦傷外，尚有顱骨多處骨折、第七頸椎、第二肋骨、右肩肱骨、多指骨骨折，腦傷也造成認知障礙、長期及短期記憶缺失、時間及地點定向紊亂、語言用詞紊亂、抑制功能受損、右眼複視、嗜睡、右上肢功能障礙等病態。

門診的過程，朱太太滿臉疲累的述說對先生的病情觀察，卻不時以深情及關懷的眼神看著他。在每次回診的治療過程中，病情偶有進步，但緩慢，只要先生有不一樣的反應，太太必定鉅細靡遺的跟我討論。只要有一丁點進步，記憶力有一點回復，都會讓朱太太欣喜若狂。這樣的呵護及關愛，也成就了朱先生的進步。

時至今日，朱先生仍持續治療中，偶爾朱太太會請假帶先生外出度假，給他不一樣的環境刺激，也給自己身心暫時的喘息。腦傷，中西醫治療各有特色，對病情都有幫助，但我們知道，目前的醫學不管中西醫，並無法完全幫助到朱先生。**朱太太的不離不棄、深情扶持，會是比醫學更能起到作用的最大元素**，讓我們一起加油。

自序

至少還有明天

很喜歡薛岳的《如果還有明天》歌詞中的一段。

我們都有看不開的時候　總有冷落自己的舉動
但是我一定會提醒自己　如果還有明天
我們都有傷心的時候　總不在乎這種感受
但是我要把握每次感動　如果還有明天

在老爸（老爸是我對丈夫的暱稱）車禍一年之後，我遇到瓶頸，他的腦傷後遺症我找不到人問，也無人能解，最常聽到的是：

「每個腦傷病人狀況不一。」

「他已經復原得很好了，有人還更差呢！」

更有人毫不客氣的直接對我說：

「妳要認清事實，免得到頭來期望越大，失望越大！」

當然，也有人不斷爲我加油打氣：

「加油！妳做的很好！」

漸漸的，這些話開始讓我無所適從。於是我索性逃避，擇人回答，如果是會讓心情雪上加霜的，我就口頭敷衍應好，讓對方早點收口，好圖個安靜。而爲我加油打氣的，有時會質疑大家說的是安慰話？還是眞心話？

老爸外表看來一切如常，但新記憶卻留不住，這是因爲他的海馬迴嚴重受損，除此之外，他的額葉、枕葉、顳葉，無一倖免。車禍四個月後重新學會如何行走的他，會重心不穩、沒有平衡感、同手同腳、名詞錯亂、言不及意，凡事得從頭學，人生重新開始。

我一步一步教他左腳右腳往前跨、訓練他擺脫尿布、鼓勵他重新學習拿筷子、從超市買水果回家，讓他藉由觸摸及嗅覺分辨蘋果與芭樂的不同、在家裡的日常物品貼上標籤，讓他重新回憶一切；我每天教、每天跟他說話，我只有一個念頭，**我得在他還沒有完全忘記自己之前，拉回點什麼。**

自小學二年級暑假，他就會打工貼補家用，婚前所賺的每一分錢都全數交出，他必須做個大家眼中乖巧又懂事、負責的孩子。從小到大承受著擺脫不了的壓力與責任，直到出了這場車禍後，才享受到沒有煩惱與壓力的生活。這是幸？還是無奈？

我是老爸的妻子，卻沒辦法跟他一同面對壓力，如今，他忘了一切，連帶壓在身上的重擔也忘了。換個角度想，現在的他是幸福的。而我呢？雖然他沒有忘記我，還知道我的名字，但他幾乎忘了我跟他相處的一切細節、我們去過的地方、經歷過的一切美好，或是挫敗低潮的事物。現在的老爸，回到了無憂與快樂的生活，這樣的人生，是好？還是不好？

我在想不開的時候，常常告訴自己，至少他活了下來；在這世上我們還有彼此，還有約定好的夢想尚未完成。他活著，我們就有機會實現夢想，過渴望的生活。誰說丈夫一定要擋在妻子前方挨槍擋劍的？或許，我也能強勢保衛丈夫跟孩子。因爲只要人活著，就有明天。

這是一位腦傷病人勇敢努力面對復健之路的生命故事。

從意識昏迷臥床，忘記行走、忘記自己與家人是誰，到可以自己拿碗握筷、學會行走、運動打球。

他失去了很多美麗的過往回憶，但仍沒有放棄，直到如今他依舊在努力拼湊著自己與人生。

我不知道他可否找回往日的自己，但我相信努力就有希望。

世界是如此美麗，不該輕言放棄。

我是他妻子，我願意陪著他，走下去。

前言

才剛剛說再見

誰能想到，人生的轉彎，就在一瞬間。

四年前的那天傍晚，你跟我說要去接孩子，九分鐘後，我們的人生從此轉了方向。

爲了閃避一輛違規左轉的機車，你緊急煞車，前輪鎖死，人就這麼飛了出去。九分鐘前，你才剛跟我說「再見」。

我們再相遇，是三十分鐘後的急診室，看著忙進忙出的醫護人員，我看不到你；你被醫護人員包圍著，我靠近不了。唯一能跟你有連結的，是醫護人員遞來的一張病危通知單。

就這樣，我們的人生、我們的家庭，從此轉了方向。

永遠忘不了急診室的那一幕。雖然車禍的事你完全不記得，但是我記得，因爲這傷口很深、很痛。

我趕到醫院急診室，警員跟我確定身分後，接下來我的腦筋只是一片空白。醫護人員忙進忙出，我認得你的身軀，我知道躺在急診床上的人是你。你身上插著管子，床邊圍繞著儀器，地上一件被剪破的上衣，沾滿了血。我不知道你傷得有多重，直到你將被推進加護病房，我才明白出了重大車禍。一位中年男子走過來，用台語囁嚅道：「我也不知道會傷成這樣⋯⋯」

我抬頭看看他，再看看站在遠處肇事的孩子，怎麼她不過來跟我說話？是她與你發生車禍，怎麼是爸爸過來跟傷者家屬說話？

我嘆了一口氣說：「我現在沒有心情講這個。」

加護病房外的我，需要冷靜與勇氣。我在你臉書上發文，告知圈內友人你出了車禍，發簡訊給接下來跟你有約的攝影師退通告，也聯絡了你我的家人，交代兩個孩子幾件事。**回到家後，我跟孩子都沒有哭，因為我們還不知道你離死神好近好近。**

診斷書是這樣寫的：

「頭部外傷併顱骨骨折及蜘蛛膜下腔出血、右肩肱骨骨折、右手一至四指掌骨骨折、左手第三指掌骨骨折、右側眼眶骨及上頷骨骨折、第七頸椎橫突骨折、右側第二肋骨骨折併氣胸、腦腫大。」

這是你的傷勢，講白話一點是：瀰漫性腦創傷，右臉頰、右肩膀、右肱骨粉粹性骨折，右手四指掌骨斷裂，第七頸椎骨折，肋骨骨折併氣胸、腦腫大，到院昏迷指數三。

台灣交通事故中，腦部受傷占第一。車禍腦部重創，昏迷指數低於八者，一半存活、一半離世，傷者存活下來的去處：養護中心、家中雇用看護照顧等。沒經濟能力的人被關在家中，連到院復健的機會都沒有。我想知道，這些傷者的配偶與家人，是否有跟我一樣的心路歷程？

你車禍至今已經四年三個月了，但仍持續進步當中。如果正在讀著這本書的朋友有家人亦是車禍腦部重創，無論是仍在住院治療，或是已返家復健，請千萬別放棄。

你的進步，是一路來就醫的醫療團隊努力，還有自己與家人的堅持。

如果家人放棄了，傷者本身絕對撐不下去，所以，和我們有相同處境的人請別放棄！

爲了讓你有一天想起，我決定爲你寫下這段人生故事。

第一章

硬漢休兵

我不要你等死

在意外發生的隔天一早，我進加護病房看你，腫脹的右後頭顱，幾乎是半顆腦袋大。你的右臉頰、右肩膀，無一倖免，骨頭全碎。

會選擇在第二天毅然決然爲你轉院，實在很戲劇化。不知道爲什麼，我當時一直有個不安的念頭：你留在原醫院，只有等死。

經過急救後，被送進加護病房的你，就像斷了線的風箏，我完全無法得知你的狀況，得到的訊息只有「病人需要再觀察」。

再觀察？觀察什麼？你哪裡受傷了？我希望主治醫師多說一點，讓我知道你的狀況，但我不知道是誰負責你的傷勢。第二天一早，我攔了一位護理師，卻一問三不知。我開始慌張，想找到主治醫師。在第二次探視時，我終於攔到醫師，得到的回答仍是：「七十二小時是黃金期，病人需要再觀察。」

我再問傷勢，回應是：「還不確定，因爲病人還在昏迷中，需要再觀察，先穩住生命跡象再說。」這樣的答案我無法接受，我不讓醫師走，最後我哀求問：

「那昏迷指數是多少？」

「這些數據只能當參考……」醫師放緩語氣說。

我再求：「那請告訴我是多少？讓我參考一下也好。」

他停了一下說：「現在進步到大概五到六吧。」

我側身讓醫師離開，退到牆邊，腦袋一片空白。我不懂這些專有名詞，我需要更白話一點的說明。

但這家醫院給我的訊息是，要我等。

等到底是什麼意思？人傷成這樣，爲什麼不能趕快治療？要等什麼？

轉院的念頭一起，我變得驚慌，因爲這表示我必須面臨從未想像過的一切。我不要你在這家醫院被動的等，也無法忍受對傷勢一無所知的煎熬，因爲你的傷勢一定很重。從護理師說規定要簽病危通知書開始、到主治醫師的態度，在在讓我驚覺需要做點什麼，我不能讓你就這樣躺在加護病房裡！

你的車禍已經在圈內引起關注，夥伴們都急著想了解傷勢及提供協助，排山倒海的關心及私訊，讓我的手機提醒不斷，但我只能任由它震動著。還好有社群網站管道，可以讓大家知道你的狀況。

我專心面對即將面臨的抉擇，開始與家人討論。你的病歷資料都在台北馬偕醫院，每三年的健檢也在馬偕，我詢問家人意見後，大家都尊重我的決定。有了共識之後，我便詢問有關轉院的事宜，院方建議我要三思；因爲你的生命跡象很不穩，隨時都有危險，稍有移動便可能喪失生命，而且也需要視馬偕有沒有辦法收。就算可以，依你目前的傷勢禁得起上下移動嗎？以及忍受將近一個小時的車程？

天啊！我根本沒想過你的傷勢會如此嚴重。

所以醫師告訴我要等，是在等你能夠活下來？活下來了才能做進一步的醫治嗎？所以在這七十二小時內我只能等？

不！我不要！

我蹲在牆邊，千頭萬緒不斷沸騰又冷卻。我六神無主，但隨即強迫自己要冷靜下來。我告訴自己不能慌、不能亂，你的生死就在我一念之間，我要冷靜、要理智，我需要清醒的腦袋去思考。

要留在這家醫院，等死或活？或是有另一個選擇，可以讓我爲你做點什麼？此時你的臉書繼續在沸騰，手機的提醒震個不停，但我眞的沒辦法分神接聽或查看。

第三次的探視時間馬上到了，我打起精神站了起來。不知爲何我打開手機，一則私訊跳出：「嫂子加油！請憑妳的直覺做最好的選擇，我認識三峽恩主公醫院的腦神經外科主任，只要妳同意，我馬上幫妳聯繫醫院是否有空床。」

看了這位圈內人簡短的自我介紹，我一點印象也沒有。圈內朋友我雖然沒有都見過面，但你都會跟我聊圈內事，所以常合作的夥伴我大概知道。不過這位朋友我一點印象也沒有，我能相信他嗎？他說圈內人喊他「芭樂」，是在十幾年前當攝影助理時與你共事過，之後便沒再合作了。芭樂說你應該不認識他，但他很欣賞你的工作態度，他覺得這樣優秀的燈光師一定要救。

接下來的幾個小時，芭樂一邊聯繫恩主公醫院，一邊與我保持聯繫等我回覆。他要我穩住，聽聽自己內心最深處的聲音，他相信我一定能替你做出最好的選擇。

我告訴家人有這麼一位朋友挺身而出後，開始猶豫能相信這個已經十幾年沒見的朋友嗎？萬一轉院的決定有什麼閃失，我該怎麼辦？

轉不轉院，在短短的時間內得下決定，而我卻對情況沒有任何掌握。

半小時後，芭樂傳來訊息：

「嫂子，妳要相信朱師傅，他撐得下去的！醫院方面沒問題了，就等妳一句話。」

又過了十分鐘：

「嫂子，相信自己的直覺，怎麼做對朱師傅最好？妳可以的，加油！我等妳電話。」

看著簡訊，我想起了你，想你以前跟我聊天的情景。以前，我們總在沒通告時，找家可以坐很久的餐廳午餐，餐後點杯飲料，聊彼此近日遇到的人事物，再沒有設限的，天南地北聊彼此的看法與夢想、聊社會百態、聊人生觀。

我回想起這些年來你對我說過的處事觀念與態度，還有你希望我稍微調整的傻妞個性。你曾說願意一輩子照顧我，但是人生無常，誰會先離開沒人知道。你最大的牽掛就是擔心我無法照顧自己，因我凡事隨興而為，不夠理智。我拚命回想著你對我說的每一件事、每一句話，希望可以從中得到一點線索，讓我能替你下對的抉擇。

我的決定，攸關你的生死。轉院，對你而言是轉機？還是會把你推向死亡？

我不相信車禍送醫的醫院能救你，而在我猶豫要不要將你轉至台北馬偕時，芭樂突然聯絡上我，我也不知道為什麼要相信他，只是憑著一股直覺，以及他電話中篤定的口吻，於是決定冒險一試。

我馬上通知院方，並依規定簽了切結書：「轉院途中病患有任何意外，家屬自行負責。」我聽從芭樂的建議，要求醫院配備全套維生系統的救護車及隨車護理人員，全部費用由家屬自費。就這樣一路飛馳三峽，伴隨著急促的救護鳴笛聲，我在你耳邊不斷說話、要你撐住，我告訴你我會救你，我就在你身邊！

在轉院過程中，芭樂一路沒斷線的跟我保持通話，當救護車一抵達恩主公醫院的急診室外，我便感受到醫護人員的積極，快速又熟練的將你推進急診室，大家忙碌著，卻沒有手忙腳亂，感覺不到絲毫的慌張，這時我的心才定下。我相信你會得到讓我安心的醫療照顧。轉院前承受著你可能死在我的決定上，那些內心的慌張、無助我沒有說出口，**我只有一個念頭：你要活下來！**

看著醫護人員表情專注的忙碌著，我安心了，你可能有救了。

決定轉院時，是在你尚未脫離險境的黃金七十二小時內，昏迷指數六的你，很可能在轉院途中離世，而我卻在這麼危險的時刻做此決定，說不煎熬是騙人的。你的生死決定在我手中的那種恐懼，你明白嗎？你是我丈夫，我想救你，我只能憑著對你的信心，還有，你一定想活下來。

經過重新檢查傷勢及參考我帶來的病摘後，一位護理師過來拍拍我，要我安心，等等醫師會來跟我解釋你的傷勢。做完一切檢查後，護理師要我跟在病床旁，他們現在要送你上樓轉入加護病房。

我一手輕輕扶著病床欄杆，隨醫護人員左轉右轉、等電梯，在電梯裡，我看著你的頭腫脹成兩倍大，看似兩個肥皂泡泡黏在一起，彷彿一碰就滅；頭部有護頭圈、雙手被固定架包裹著、臉上插了好幾支管子，身旁儀器滴滴響的高頻鳴聲，我何時隨病床進入加護病房、何時被請離床邊的，竟一點印象也沒有。直到護理師拍我，說主治醫師要跟我說明傷勢時才回過神。

經過腦神經外科醫師的說明，我才知道你的傷勢嚴重到隨時會離世。而原醫院沒有檢查出來的傷勢有：肋骨骨折併氣胸、頸部第三椎骨折、左手中指脫臼。

原本的醫院沒發現這些傷勢，是他們忙中疏失？還是已經將你歸類爲存活機率不高的傷者？我慶幸能爲你成功轉院，我驕傲你展現強烈的求生意志。雖然重度昏迷，但你拚命想活下來的生命力，救了自己。醫師告訴我，他們最喜歡這種病人，有著強大的求生意志。醫師、護理師們面對生命的來來去去，傷者回應給他們想活下來的強烈本能，是他們救人的最大鼓勵。

轉院的決定，沒有任何一個親人敢出意見，眞的要謝謝他們，讓我能一個人做出決定。當時會如此平靜，是因爲我做了一個打算：如果轉院的決定讓你有什麼不測，我就跟你走。我想好了身後事，所以，我無後顧之憂的爲你轉院。

直到現在，我依舊相信是你信仰的恩主公救了你，在冥冥之中我感受到祂對你的慈悲。在住院那一個月，祂老人家給了我好多次穩住心情的力量。你的命，是你自己努力讓它延續下去的，恩主公感受到了，所以給了你一次重生的機會！

芭樂，一位他認識你、而你卻不認識他的圈內人，因爲他的一個念頭：朱師傅是個優秀的燈光師，不能死；讓你有了轉機。在三峽恩主公醫院得到的完善醫療照顧，這份恩情，我永遠不會忘。

廚房的味道

轉院後，你雖然依舊未脫離危險期，但至少不再有等死的恐懼。第三天晚上探視完，我跟孩子們回到家，在車庫裡便聞到似有若無的腐臭味。疲累的身心讓我無暇找尋味道從何而來，心想或許是這幾天緊閉門窗，魚缸裡的魚兒疏於照顧而暴斃吧。

我喜歡看魚兒游，所以弄了幾個生態池，無需打氣餵食飼料，水質清清澈澈，當我累了或心煩時，看魚兒游啊游的，總能讓我暫放壓力。你還特地去買長竿魚網，有空時我們會去找鄉間圳溝，你會趴在地上全神貫注盯著水中機靈的大肚魚，然後撈上幾隻讓我開心，想起那情境我不覺笑了。

你有時候沒什麼耐性，尤其在通告滿檔，無法好好睡上一覺時最爲明顯。但私下的你，會搞笑、會爲我做任何你做得到的事，無畏世俗眼光。而如今，你躺在加護病房內與死神搏鬥，我希望你撐得過，不要丟下我跟孩子。

一上二樓，腐臭的味道更明顯，我還是無心理會，因爲現在的當務之急不是這個，我需要時間好好思考明天。轉身正要進廚房，我愣住了。我看見流理臺上有兩盤炒好的菜、瓦斯爐上煮好的玉米濃湯已經變色、砧板上有一塊料理到一半的三層肉，發出陣陣腐臭味、一盤切好的青菜已經出水發爛變黑，還有來不及收拾的菜梗、配料。我腿一軟，跌坐牆邊。

以前我總是霸著你讓我，對你沒有任何底線，因爲什麼事你都會負責、依著我、你會撐著。

你拍片回家累倒在沙發睡著時，我心情好就爲你蓋條薄被；如果你睡姿影響人體工學，我會生氣（我怕你落枕）；孩子學校有重要活動時，你若延遲收工無法參加，我會賭氣不理你；你連續接片超過五支，我就生氣不說話（我怕你體力長期負荷不了），太多太多生活上的幸福，我都自認理所當然。對你的擔心，我用任性的方式表現，從不肯好好說清楚講明白，自以爲你懂所以無須說出口。我從來沒有想過有一天，你會倒下、會不理我。

廚房裡持續飄來食物腐臭的味道，那時是四月的晴朗春天，但我的心卻冰冷如嚴冬，心底瀰漫一股對未來的恐懼、無助。癱軟在地的我沒有勇氣起身，沒有勇氣走進廚房收拾殘局，你對這個家的付出跟體貼，我們來不及一同分享。你會甦醒嗎？會活下來嗎？會丟下我們嗎？

都是我的罪過，我不知珍惜，我的愛沒有立即說出口，我霸道、我任任！我好希望時間回到三天前，我如果跟你一起去接小孩，然後直接在外用餐，是不是意外就不會發生了？

謝謝你信守承諾

二〇一三年四月三日，是你我相識三十年的日子。前一晚你開始急了，因爲拍攝進度一延再延，你特別空下的四月三日眼見有變卦，最後在三日早上十點才回到家。

明知道收工時間由不得你，但我還是難掩失望，所以你回來後，我板著臉不說話。你匆匆洗個澡後告訴我，讓你瞇兩個小時。你有調鬧鐘，但是怕起不來，所以要我記得叫醒你，因爲你要帶我去淡水。

你的頭一碰到枕頭不到幾分鐘，就沉沉入睡，我坐在房間地板上，看著你疲憊的臉龐、震耳的鼾聲，看著看著，我輕嘆了口氣。累成這樣，我還能說什麼？

我沒有在兩小時後叫醒你，鬧鐘響了我按掉它。晚餐時刻我在床邊拍拍你，你大跳起來，發現我沒把你叫起來後，我讀不出你的表情是懊悔多、還是生氣多。但我知道你在氣自己，也氣我沒叫醒你。

其實，像這種情況不是第一次，我想這一行的另一半，都有跟我一樣的感受與經驗。我們在你入行前就相識，一路走來風風雨雨，幾次想放手卻終究沒那分瀟灑。

後來你跟我說對不起，說四月底要帶我去一個地方，在新竹山村的原住民部落，前陣子你去那兒出外景，覺得我一定會喜歡。你說我們先去新竹，再去淡水看夕陽，在四月七日你的生日，我們做了這樣的約定。

每年的四月三日，我們都會記得，但不一定在一起。我們不過結婚紀念日，只過這難得的日子——我們的相識日。

或許因爲你我都是彼此的初戀，所以用只有我們自己才懂的方式相愛著。如果兩個人都有空，我們一定去淡水，找一家靠海的小店喝咖啡，聊整個下午等夕陽。

二〇一三年的這一天，對我們來說意義特別，三十年是不算短的日子，你還特別推了通告。但人算不如天算，你還是因工作失約，答應月底要賠我一個七二四三。終究一場車禍，讓你食言了。

我曾經悔婚，而你堅持不放手，你說這世上沒有一個人像你懂我。你會照顧我一輩子，這是你對我的承諾。所以在加護病房一天三次、每次半小時的探視中，我都在你耳邊這樣說。終於，你的眼角泛淚，你的手會輕輕回握我的手；終於，你有了一點點反應，只在我探視你時才出現。醫護人員半信半疑，猜測是我剛好碰到你的生理反射動作，或是過於擔心的錯覺。

但是，我不相信。每一次探視後，我都告訴護理師你的手在回應我，我確定你有聽見我的聲音。最後，主治醫師告訴我，他們會試看看你有沒有辦法自行呼吸，只要你能呼吸，就拔掉呼吸器，讓你轉到一般病房，好讓我能隨時跟你說話，讓你有甦醒的可能。

他們交代我，要在你耳邊不斷說話，爲你加油打氣，讓你可以自行呼吸。之後的每三十分鐘探視，我重複著同樣的話、重複著對你的哀求、重複著醫師交代的。終於，你信守對我的承諾，學會了自行呼吸，並暫時脫離險境。八天後，你轉入一般病房，雖然尚未恢復意識、依舊昏迷，但至少你回到了我身邊。

加護病房外的八天

每天早晨六點四十分，我會在加護病房外的長椅靜靜坐下，等著。醫院規定一天可以探視三次，一次三十分鐘。這八天，我每天早上六點四十分到加護病房外，坐在同個位置，安靜等待每天的三次探視，晚上七點最後一次探視結束，我便回家；然後隔天，一樣的時間、一樣的位置，我就在加護病房外的長椅上等著你。

那八天，我沒有大哭崩潰，護理師要我簽病危通知書我就簽，醫師出來跟我說你的傷勢狀況我就聽。

可以探視的前十分鐘是最熱鬧的，因爲病人們的親朋好友跟家屬都來了，關心著加護病房內的狀況。每來一位訪客，家屬就必須重複再說一次，我常常看到晃神，心想家屬應該也不好受吧。因爲得不斷重複同樣的提問。且探視每次只有半小時，卻要顧慮到每個來訪的親朋好友。但是，會進入加護病房的病人，都是屬於重症或昏迷不

醒，虛弱的身體非常容易遭受感染。雖然有規定進入加護病房一定得帶口罩、穿隔離衣，但每當我看到感冒不適的訪客，也照樣入內探視，就會捏一把冷汗。難怪護理師一直跟我說，我與孩子在探視時要盡量呼喚你，只要你一有回應，就有機會離開加護病房。

對於探視，我強悍霸道，謝絕一切訪客，只有我們的直系親屬及兄弟姊妹可以進入加護病房。而且除了父母外，每人只有一次機會，其他的時間全部留給我與孩子們。爲此，我知道有些長輩有怨言，但我很堅持，因爲我知道只有我與家人有機會可以喚醒你。其他的親友一年難得見上幾次面，進入加護病房探視，對你一點幫助也沒有。所以在這生死交關的時間，就算會被指責，我也不在乎。

探視時間一過，又恢復了寧靜，整個加護病房外常常只剩下我一人。我喜歡這種安靜的感覺，可以不受打擾的等，默默祈求你能心電感應到我在門外等著。醫師及護理師勸我回家休息，探視時間到了再來就好，如果有任何傷勢變化，他們會馬上打電話通知我。他們的關心我知道，但是我無法回家等，我寧可在加護病房外頭，因爲隔著一道牆內的你正在努力，我要在外頭陪你。

我常把右臉頰貼在牆上，閉著眼，想著你在牆內病床上的模樣，我跟你說：

「老爸，你有聽到我的聲音嗎？」

「老爸，你不要嚇我好不好？」

我貼著牆跟你說話，把心裡的害怕告訴你，請你爲我與孩子們加油，醒過來。

執意在加護病房外陪伴，還有一點是我堅持守候的原因。

在第一天的非探視時間，廊上一片安靜，只有我一人。那時加護病房門突然開啓，護理師出來喊了兩聲某某某的家屬後，看沒有人應答，就回病房以電話聯絡。看到這一幕，我告訴自己，如果你有什麼變化，至少護理師可以第一時間讓我知道，不管是好消息或壞消息，我都在這裡。

有一次探視時間到了，我一進加護病房，護理師就輕聲對我說，等一下隔壁床的阿嬤要回去了，請我先到另一側的病床旁。我默默走到另一側，心想阿嬤脫離險境要回去了，眞好。隨後聽見幾位家屬快步靠近床邊，語氣哽咽的輕聲喊著：「媽……我們回家了……」。頓時，我才明白。

加護病房是個與死神最近的地方，彷彿有一條無形的線隔開生與死，誰都沒有把握躺在病床上的親人，是會回到線的這一頭、還是踏出這條線。

那八天對我而言，意義特殊，那八天讓我明白這些年來，你對我、對這個家是多麼重要。我不要失去你！你對我一直不放心，總覺得我不夠機靈、不懂應對進退、傻呼呼不知天高地厚，除了看書上課什麼也不會。我一直是你的牽掛，所以我相信你不會丟下我不管。我在心底吶喊無數次「你要活下來」，我相信你一定能感應到，你會展現人類的求生本能，讓自己活下來。

回想起那八天，我相信是上天給我們的第一個考驗，而我們通過了這個考驗。既然如此，就沒有中途放棄的理由。我相信，只要能活下來，就有希望。

以醫院爲家的日子

十六天後你脫離險境，醫療團隊決定爲你第一次動刀。因爲再不動刀，對傷勢非常不利，所以院方評估後，決定進行顏面（整形外科）及肱骨骨板（骨科）植入手術。醫師告訴我，動完顏面，骨科醫師會接手繼續開刀，盡量縮短時間，以免你承受不住。預計四個小時完成手術，手術後會再讓你進加護病房觀察，生命跡象逐漸穩定後，就會轉回普通病房。

四小時過去了，電腦螢幕上依舊顯示著「手術中」，我在手術室外，聽得見自己心臟的跳動聲，再次感受到死神的威脅靠近，也再次體驗到死亡是如此令人恐懼！再一次害怕我會眞的失去你……

是不是你承受不住這個大手術？是不是兩位醫師接力開刀的過程中發生了什麼意外？他們正在急救，所以沒空出來通知我要延時？是不是我疏忽了什麼？時間一分

一秒過，惶恐與不安像猛獸般侵襲著我，我無法冷靜，萬一你撐不住，我該怎麼面對沒有你的人生？如果是我下錯決定讓你動刀，那我該如何原諒是我親手簽下手術同意書？太多的萬一、太多的焦慮恐慌，讓手術室外的我，第一次感受到自己在這世上有多麼孤單與無助。

總算，七個多小時的煎熬，終於讓我等到你了。

手術後的你立即轉入加護病房，雖然看不到你，但我的心不再刺著一把刀，可以感覺心跳平緩下來。你撐住了，而我又回到了加護病房外那排熟悉的座椅，同樣的位置、同樣的等待，等你再堅強一次，再讓自己脫離險境，離開加護病房。

因你必須仰賴他人灌食、拍背、抽痰、定時翻身等，爲了讓你有最佳的照顧，我請了全天看護；爲了減少感染機會及有安靜的養傷環境，我讓你住單人房，並且依舊堅持除了父母、直系及兄弟姊妹外，謝絕一切訪客。我寸步不離的住在病房裡，晚上將沙發靠著病床，如果你眼睛睜開、身體動了，我能馬上知道。你如果躁動，我會握住你的手，有規律、有節奏的輕拍著，你通常能很快再次閉眼。**有幾次你睜眼往我的方**

向看，但我知道你不是在看我，你的眼神空洞穿越我，可是我不在乎。

關於謝絕訪客一事，我母親有她的擔憂，她怕婆家不悅。媽媽的意思是大家都擔心你，謝絕親朋好友來探視，確實很失禮。母親怕我讓婆家的親戚不高興，會對我有所指責。

「妳別擔心啦，我已經有心理準備了。」我不太想談這個話題。

「妳要聽話，妳是晚輩，長輩想來就讓她們來看一下。」媽媽還是擔心我。

「我知道！」我說：「可是如果每個人都來探視，真的有幫助嗎？我連圈內人、甚至片廠老闆要來都拒絕了，我知道分寸啦！」

看著媽媽低頭不說話，我心裡也很難過，我知道她也被親友們罵慘了，但是我真的不想讓病房鬧哄哄的。我告訴媽媽，請她放心，要相信女兒。救丈夫跟害怕親友責備，我選擇前者。

醫師曾交代我有關重症腦傷病人要特別注意的事，我謹記在心。你依舊昏迷無意識，還插著鼻胃管，大家來探視只會打擾到你，增加你被感染的機會。何況現在臉書及通訊軟體發達，發文便能告知天下，我告訴婆家及娘家，我會隨時更新狀態，讓親朋好友安心。至於一定要來醫院見上一面才算關心的禮節，我心領了。

爲了探視的事，我特別再三向婆婆及大姑解釋我的顧慮與醫師的交代，我知道婆婆嘴巴不說，但心裡是不認同的。人情世故上的應對，我非常笨拙。我不喜歡客套、重複放送車禍的事、回答我也沒有答案的問句。我需要全神貫注面對一切醫療與抉擇，所以無法分心。就連親戚長輩提供的各種偏方妙法，我都一概聽過就算，因爲每個人都有所謂「聽說誰誰誰怎樣做就恢復意識了」的祕方妙法，問題是「聽說」的準嗎？這些提供偏方的人有親身經歷過嗎？如果不是，那我沒有膽量讓你當白老鼠去嘗試這些聽來的療法。

我告訴媽媽：「妳要相信我，我要醫師的同意、還有醫學文獻、成功的數據佐證，我才會嘗試接受這些好意。人尚未清醒前，我什麼偏方都不試。」

我是你的妻子，我必須負起責任爲你把關。

在這時，媽媽及家人們包容再包容，並且盡一切能力滿足我的要求、尊重我的決定，**很多時候他們選擇安靜，就是對我最大的支持**。

第一次的情緒崩潰

聘請看護過程是個無奈又讓人憤怒的經驗，看護的素質參差不齊，我算是開了眼界。剛離開加護病房時，我根本不知該如何照顧你，跟醫院有簽約的看護機構又沒人手，只能由家屬自己聘請外面的看護。

第一位來照顧的是一位男看護，他表明只有我在場時才會幫你拍痰、翻身，理由是你塊頭比他大，又不會聽從指示幫忙使力，所以我必須在旁協助。我第一次請看護，什麼也不懂，只有照辦。

第二天婆婆跟大姑來了，看護跟婆婆聊了一下，知道婆婆有在念經，竟然要婆婆還有大姑排排坐好，要她們誠心誠意跟著他在病房內誦經，我當場傻眼。這一念一個小時，接著要定時記錄的尿量沒做、尿袋滿了也沒倒。

第三天醫院的護理阿姨看不下去，罵看護不要亂來，並把我拉到病房外告訴我，

外頭的看護有的會藉家屬不懂，能不做的事就不做，要我強硬一點要求看護，確實做好護理站要求的照護工作。護理阿姨答應我，只要醫院合作的看護機構一有人手，會馬上通知我。男看護一直不願照醫院規定的時間拍痰、翻身、灌食，我受不了了。

「我是要聽你的？還是護理站的？」我兩手抱胸看著他。

我再向前一步：「你是醫師嗎？」

我越說越大聲：「時間到了要記錄尿量，你爲什麼每次都要我提醒？連灌食、拍痰也要我提醒？」

看護被我突如其來的一兇，愣在原地不發一語，我拿起皮夾當場算錢給他：「夠了！你給我離開！」

我瞪著他拿起背包，目送他走出病房，他低頭板著臉，沒有看我。當他離開我的視線後，我呆坐在病床邊。

沒多久，爸媽跟哥哥弟弟來了，見我表情怪怪，媽媽將我帶出病房。一出病房，我摀住嘴巴快步走到走廊盡頭蹲了下來，眼淚不爭氣的掉個不停。這是你車禍以來，我第一次將情緒發洩出來，又氣憤又委屈。

「爲什麼？爲什麼要欺負我們這些無助的家屬？」

沒有看護的幫忙，醫院的護理阿姨來教我如何灌食、拍背、移位、換尿布，獨自照顧你一天後，新的看護來了，是位女看護。有了第一個看護的經驗，我變得謹慎，會要求並留意看護是否遵守護理站的規定。結果這位看護更天兵！

第一天，她便要求我讓她帶電鍋在病房煮三餐，理由是你重症臥床，她最好不要離開病房。

「醫院有規定病房可以煮東西嗎？」我問。

「我們是單人房，又是隔離病房，護理師不會常進來的。把電鍋放在浴室裡就不會被發現，隔天打掃人員進來前，我再把電鍋收起來就好。」

接著第二天早上她跟我說，她住在附近，可不可以讓她離開一小時回家曬衣服。我愣了一下，回家曬衣服？雖然心裡百般不願意，但還是同意。

她離開後我打電話去跟公司反應這位看護，請他們再派一位過來，我沒有說她在病房煮東西，只說她的照顧方式我不滿意。公司排訂兩天後派一位資深看護，聯繫好後，我心情才稍稍好轉。

一個小時後，回家曬衣服的看護回來了，我看她心情不錯，心想就再忍兩天吧。晚飯前，我要她幫忙洗頭，她竟然說她不會幫「這種病人」洗頭，她以前照顧的病人都會稍稍抬頭讓她用擦的，「躺在床上的頭」她不會洗。

一天兩千元的看護，竟不會幫臥床的病人洗頭？我臉一沉不說話，她看我不高興了，才開始動手準備毛巾、鋪墊，然後要我去樓下藥局買瓶依必朗。我買回來後，坐在一旁看她如何洗。她打開瓶蓋，用瓶蓋倒一杯依必朗，然後直接淋在頭上，再用濕紙巾擦頭。我越看越不對，記得以前兒子小時候泡澡，一大缸水我也才倒一小瓶蓋的依必朗，她竟沒有稀釋，直接往頭上淋。

「不用稀釋嗎？頭用擦的，擦得乾淨嗎？」

她回我：「可以啦！我都這樣幫病人洗頭。」

我衝進浴室看瓶身說明後，氣壞了。

「妳這樣幫重症病人洗頭會不會太過分了？」我大罵：「他頭上有傷口妳知不知道？妳馬上把我先生頭上的依必朗沖掉！」

我立刻通知護理站，並打電話向公司抗議。公司那頭再三道歉，我依舊氣憤難消。惡質的看護除了會偷懶外，還會作弄沒有反抗能力的病人，真是太惡劣了！我遇到的這兩個看護，讓我大開眼界，也讓我學到一個教訓：**對家屬來說，病人是家人；但對少數惡質看護來說，這只是一份工作**。

還好，第三位看護非常專業盡職，住院期間多虧她的細心照料，我也脫離了惡質看護的噩夢。

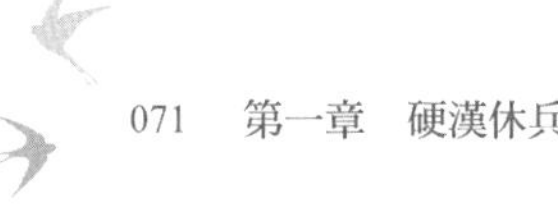

你得了失語症，我背了業障說

我們太不了解腦傷病人會產生的後遺症，因此也引起了一些誤會。尤其是當你可以睜開眼後的不言不語，一度讓家人有些納悶跟生氣。那時你只對我的聲音有反應，但也僅此而已。每次探房，不管醫師、護理師如何與你對話，你總是緊閉雙嘴，從未發出聲音。婆婆及你的兄姊對我所說的半信半疑。你是老么，雖然自小就是個懂事聽話的孩子，但也很有自己的想法及個性。對於你睜眼後不言不語，沒多久又昏睡的狀況，你的家人開始轉向認為你是在鬧脾氣才不說話。因為他們不相信，哪有可能你只對我的聲音有反應。

有一天，大嫂打電話給我，支支吾吾說下午大哥要過來醫院，要我跟看護離開病房，大哥想單獨跟你談話。我不敢拒絕，只好答應，但是看護不願意，因為病人萬一有什麼閃失或跌下床，她無法承擔責任。大哥堅持你是故意耍脾氣不理人，他身為大哥，哪能容許么弟如此任性。

我解釋重症腦傷病人可能會出現的狀況，你會對我的聲音有反應，有可能是因爲我們相識三十年了，對彼此太熟悉，也或者有其他因素。腦傷後遺症的複雜性千變萬化，因受傷部位的不同而異，但是大哥不相信你怎麼會對他們沒有反應。

我請看護讓步，告訴她有事我負責，讓大哥單獨跟你在病房內。我跟看護守在病房門外，只要房內一有什麼不對勁，我們就準備衝進去。那天下午，你被看護五花大綁在輪椅上，以防身體下滑，然後大哥進房，我跟看護趴在門上的小窗戶注意動靜。

只見大哥對著你一直說話，手勢不斷，而你依舊面無表情直視前方，十分鐘過去、二十分鐘過去，你依舊動也不動。最後，大哥不發一語出來了，板著臉離開醫院。後來才知道，這是腦傷病人會出現的失語症，對這領域完全不懂的我們，只是誤會你了。

看護曾不解，既然花錢請了她，我爲何不回家休息，隔天再來？我知道看護對於家屬在病房，總覺得礙手礙腳，我釋出我的善意跟配合，久了看護也習慣我的存在，與我和平共處。

在病房陪伴你的日子，我很忙，壓力也大，但是我不覺累、不覺苦。相反的，我喜歡跟你這樣在一起，就算你依然意識不清，認不得自己與外界，但至少你就在我伸手可及之處。

我的累，是無法招架的人情世故。因爲關心，所以家人一再要我詢問醫院有沒有遺漏什麼檢查。大家想知道的事，我眞的沒有答案。

「會不會是有什麼地方沒有檢查出來？」

「聽說照核磁共振就可以知道腦袋裡面的情況，妳去叫醫師再安排一下。」

「怎麼醒了還會這樣？阿姨他兒子受傷也很嚴重，幾天就記得家裡的人了啊。」

「肇事者怎麼說？怎麼都沒有來？他的父母有說要賠多少嗎？」

「好好一個人怎麼會出車禍？」

「車禍是怎麼發生的？有人看到嗎？警察有沒有查清楚？」

我重複著車禍事發經過的每個細節，重複我從警方那聽來的陳述，好累，也好煩。而最讓我無力招架的是「業障說」。關心、心疼你的長輩開始想找出一個合理的解釋，可能藉此讓自己有發洩的出口吧！所以就有了「你擔了我與孩子的業障」這樣的說法，要不然怎麼會傷得如此嚴重。

車禍前一個月，你想換車，去展示中心看了幾次，但我不是很同意。車禍那天早上，因為我要上課，所以你自己去下訂單。長輩知道這件事後，問我：

「是不是妳不讓他買車，不跟他去訂車，所以他心情不好？」

面對長輩的疑問，我的心好痛。每一天都必須承受長輩因為擔心而產生的疑問，我真的無力招架！

第一次聽到業障說時，我無言以對。當時兒子也在病床旁，家族中我們的輩分最小，我不知該怎麼回話才算得體，只能沉默。直到第三次，我才出聲請長輩別這樣說，我說孩子聽了會難過、會自責，卻不敢告訴大家是我承受不起這種罪名，消化不了這種傷害。

長輩只要一句她是愛子心切，我就得吞下無法反駁的罪名。大姑總是叮嚀我不要回嘴，忍一下，就當讓他們發洩情緒。

照顧你一點也不辛苦，苦的是這些言語上的傷害。受傷的是我的丈夫、孩子的父親，難道我跟孩子就不心疼、不難過嗎？

每當夜深人靜時，看著病房外月光下漆黑的山與天，就如同我的心情，對未來一片黑暗、一無所知。我一直對自己說，沒事的，大家都是出於關心，別想太多。但是旁人加諸在我身上的質疑所造成的陰影，依舊揮之不去。多麼希望你趕快清醒，幫我擋一下這些利箭般的猜測。面對這些，雖然心痛，但又能如何？我在等你清醒，除此之外，我什麼都得不在乎才行，要不然我熬不下去的。

說得容易，但要眞不在意，好難。後來我找到抒發的方式，我利用臉書紓解心情，跟大家說說你的傷勢狀況，談關於我們的一切。而圈內朋友給我的回應與鼓勵，讓我在孤單無助中感受到他們對我的愛護。從此，我踏入了你的朋友圈，而大家也愛屋及烏，一路爲我加油打氣。他們的溫情持續著！他們是你的工作夥伴，是戰友、也是朋友，如今，他們也是我的。

第二章

甦醒以後

就算你忘了全世界

離開加護病房後，你除了偶爾睜眼、眼神空洞直視前方外，就是嗜睡，一天睡二十小時以上。你不知餓不知冷，對外界沒有任何反應，無論我們怎麼叫你、跟你說話，依舊沒有任何回應。連一聲呻吟或嘆氣聲也沒有，你就像被關在另一個世界裡，我們進不去，你也出不來。唯一有連結的，是你會找我的手，這是你受傷前的習慣，你還記得嗎？

經歷了兩個天兵看護後，第三位看護經驗豐富又盡責。健保局規定的一個月期限到了，必須辦理出院，有人建議我先送到照護中心，等排到醫院病床後，再住院復健。我沒有採納，我決定請這位看護隨我回家，一來是我信任她的專業跟細心，二來是我需要人手協助。在住院期間我跟她聊得來，她當然是最佳人選。

我們回到了你一手規畫、打造的家。出院前，我請兒子跟一位攝影師幫我，事先在家中貼了滿滿兩百多張，你、我、兒子、家人，還有圈內夥伴們的照片。

對滿屋的照片，你沒有任何反應；除了被扶起來餵食外，你沒有任何動靜。住家不是個養傷的好場所，一樓是車庫，二樓是廚房跟客廳，臥室在三、四樓，佛堂在頂樓，動線是上下樓層，對植物人般的你來說有太多不便。

想揹你上佛堂向祖先上個香，都成了不可能的任務。醫師建議，回到你熟悉的環境，或許對喚醒記憶有所幫助，所以我堅持回家，也不聽勸送往照護中心。

在我的認知裡，我沒有倒，可以照顧你，我不要你進什麼照護中心，整天躺在床上等人幫你翻身、餵食、拍背。我不相信你就這麼垮了！

在家裡，少了護理站的定時檢查及瑣事，時間空出很多，我希望可以多幫你復健，讓你有清醒的機會。你雙腳沒有骨折，照理說應該可以走路，但是腦部重創，讓你完全忘記一切，成爲臥床的植物人。醫師說既沒有傷及脊椎造成癱瘓，就是機會，我必須利用各種刺激跟復健動作，讓你的腦細胞有甦醒的機會。

協助你站立是個大工程，你全身的重量都壓在我跟看護身上，我們必須一左一右扛住、扶穩，免得你右肩傷勢加重。而你因爲意識還未清醒，全身癱軟，把你扶住後，腳還是下垂的；你無法將腳掌平放在地上，更別說往前邁步了。

我們兩個女人撐住一個沒有意識的男人，把腳一左一右的往前撥；餵食也耗時，把食物放入口中後，你含著不動，必須讓人用手扳下巴，才會動口咬兩下。

很多的照顧細節要忙，家中又沒有跟醫院一樣的電動床，起身、下床都考驗著看護的體力。隔天，我依舊要求看護跟我一起將你扶起，練習行走，看護太資深也看太多，你的狀況她心裡有譜，只是不忍心澆我冷水。在重複撥弄你的雙腳前進時，看護開始沒有彎腰用手，她用腳踢，讓你右腳往前。我沒辦法視若無睹，心裡很酸。我跟看護說這樣不好，我不捨堂堂一個男人被這樣對待……

「他現在傻傻的不懂啦！」看護頭抬也沒抬，繼續她的工作。

那天夜裡我失眠了。看護說的話、做的動作都沒有錯，這是她的工作，不是賣命，她必須避免職業傷害，以免無法繼續接看護工作。我沒有立場要求她顧及病人的尊嚴，要她低頭彎腰用手輕撥你的腳往前、餵食時輕聲細語，半哄半騙引導你做出咀嚼吞嚥的動作。我陷入泥濘，我該用什麼樣的心態來面對現在的你？在照顧上，這位看護絕對專業，我需要她，但照顧你是她的工作，不是責任跟愛。

我該怎麼辦？除了照顧你之外，裡裡外外還有好多事得面對、需打理，千頭萬緒都是當務之急，我到底該先做哪一件？

經過一夜的沉澱思考，抉擇、下定目標後，我決定與命運一搏。以前，你設定目標後，一定會努力完成，我沒聽你喊過一聲苦。你曾經歷過的一切難關，在我腦海中快速跑過，每個難關、挫敗，你都靠著智慧，不慌不忙去面對、處理。我是你妻子，我是否也可以如你一般？

我半賭半勇敢的決定搏一次，好不容易牽手到現在，我不想放棄。既然如此，我需要更多傻勁跟白日夢來支撐我。我想照顧你，我不要你進照護中心或請外勞，我要自己來。

看護篤定的告訴我，我一個人絕對無法照顧得來，而且太危險了！一個沒有照護重症病人經驗的家屬，怎麼可能做得來？但是，我仍然一意孤行。她離開後，我沒有再雇用看護，瞞著家人，一切自己來。

很快的，我被媽媽發現了。她發現我傳回家報平安的影片，少了看護的身影，我解釋看護剛好去廚房，但媽媽不相信，她不相信我會放心沒有人在你旁邊。第三天家人們趕來家裡，我大哥二話不說背起你下樓，媽媽、弟弟拿著我們的隨身衣物及照護器材，把我跟你接回了台北，暫住在小弟家。雖然住的是一般大樓三房兩廳，但至少生活動線都在同一層，照顧上非常方便。**台北，是我們土生土長的地方，但沒想到是在這種情況下回到這裡。**

你仍是我一輩子的男人

回台北後，我跟兒子繼續天天一左一右撐住你，教你左腳右腳的往前跨。餵你吃飯時我把食物切碎，一口一口像餵食小孩子般，半哄半騙要你「啊」的張開嘴，然後趁機把食物塞進嘴巴，再協助你上下動齒咀嚼。吃完飯後，我會看著你的眼睛說話，告訴你你叫什麼名字、我叫什麼名字、講你以前的一切。你依舊發不出聲音，但是你聲帶沒受傷，我不信你再也不會講話；你的雙腳只有輕傷，我不信你不會走路了。

我每天跟你說話、每天推著輪椅帶你下樓曬太陽，我每一天都在等，等你再讓我聽聽你熟悉的聲音。

有一天，你突然發出一聲無意義的音，我驚喜若狂！繼續說我想得到的往事給你聽，繼續一左一右的教你走路。日子一天天過，我沒空想以前、計畫未來，我每天的心思都在你身上，寸步不離，每天盯著你的每個肢體反應。每一次的眼皮跳動，我都可以清楚分辨你是在睡夢中，還是快要醒來了。

我滿腦子轉啊轉，想盡辦法設計適合你的復健教材。有一次，我盯著你看，直覺有異，但說不出哪裡奇怪，直覺告訴我：你怪怪的，我們不能這樣天天困在家裡，必須到醫院才能幫助你。

我爲你安排了自費入院，住進振興醫院，入院理由是復健治療。一個禮拜後病房排到了，一入院，我便向主治醫師說明我這一個多月的觀察。院方安排了一些檢查，發現你腦室腫大積水（水腦症），於是進行腦部手術，裝置腦室腹膜引流器。三週後出院，重複的復健繼續進行。

我說話你沒回應、我用湯匙示意你張口，你就張口讓我餵、我推你外出曬太陽，你也任我擺布、夜晚你尿失禁幾次，我就起來換幾次衣褲跟床單。我搞不清楚無論如何包妥尿布，你還是會尿得滿床，尿得睡在旁邊的我全身濕透，所以我天天洗床單、烘床單、洗衣、烘衣、對你講話、餵你吃飯、替你拍背、按摩全身，我們兩個在同一個物質世界裡，卻毫無任何精神及言語上的交集。

因爲不知道使力的要領，沒多久我的雙手手腕及腰部都受傷了，無法出力。我有點慌張，因爲我不能倒，我輕聲求你幫幫我，讓我可以稱職的照顧你，請你跟我合作。每一次換尿布時，我都會說著同樣的話，請你幫忙出點力，也會輕拍你的側邊大腿，示意你把腰稍稍挺起，一天少則四次、多則八次，每次換每次說。**我不當你是無意識的病人，你是我最親的家人，是跟我同甘共苦一輩子的男人。**

一個月後，在我爲你換尿布時，你微微撐起腰讓我把尿布放好。幾天後，你突然自輪椅起身又跌坐回輪椅。過了兩週，你可以站立約十秒又坐下。某個夜裡，你甚至突然站起來，離開輪椅往前走好幾步，然後作勢要坐下，我趕緊上前抱住你，用腳勾張椅子讓你坐。

接下來你常冷不防的起身，走幾步後就馬上坐下，我得時時盯著你。只要你一起身，我的椅子就不離手，你一有坐下動作，我椅子馬上遞上。雖然你還是眼神空洞、不言不語，但我知道你的腦部細胞正在甦醒，我每天等待、觀察、抓準時機遞上椅子，小心翼翼注意以免你跌倒。

終於有一天，你毫無預警的離開輪椅，繞著客廳桌子不斷走著，我跟在你旁邊陪你繞圈。終於，你憶起了行走的能力！

接著，你開始對著空氣說些簡單卻沒有邏輯的言語，跟我牛頭不對馬嘴的對話；我說東，你回西，我完全不知道你在說什麼。這時的你，還是不認得自己跟外界。什麼是杯子、什麼是大門、什麼是廁所、什麼是飛機、什麼是四季……全部的一切，你都忘了。我一步一步慢慢教，配合你的速度，陪你一分一秒慢慢活。

某天晚上，你又開始說沒有文法規章的話，聽得出來是國語，但結構上卻是錯亂的；幾天後說英語，講了近一個月沒人聽得懂的英語；接下來的日子熱鬧了，你一下台語、一下國語、一下又國台英語交錯，有時自顧自的對著空氣說話。我不知道你接下來會如何，我什麼都不敢想、更不敢期待。我只有每天不間斷的跟你說話，說正確的句子、繼續教你走路，背自己跟我的名字。

當你記起如何左腳右腳往前跨後，我教你走路；走穩後，我教你如何將腳抬高、上下樓梯；我帶你去忠孝東路地下街搭手扶梯，教你如何算準時間踏出步伐。當你開始想起走路後，有關行動步行的本能記憶一一回鍋，這些進步，老爸，你做到了！

復健教室裡的人生

你仍然不知道自己是誰、記憶一片空白，你每週讓我牽著，往返醫院做著千篇一律的復健，依著我的指令做著重複的動作，沒有提醒你，你就停止不動。一天陪你到國泰醫院復健時，有位家屬直言說你就像個會走路的植物人，我聽了沒有生氣或不舒服，因為這位家屬也跟我一樣，親自照顧丈夫，是個凡事樂觀、看得開的大姊。她用輪迴的觀點來看待丈夫的中風，她說這輩子是來還債的，下輩子就好過了。看著她平靜的述說著，我明白她走過的路比我艱辛，我問她是怎樣的力量讓她熬過來的，她說：「拜拜啊，心裡苦時就念念經求菩薩啊！」

對於汐止國泰醫院，我有太多的感激，你遇到的每一位醫師都是我們的貴人。對於我的任何腦傷相關問題與疑惑，他們都願意協助我找答案，給我建議。久了，連護理師都認得我們夫妻，不管有沒有看診，只要在醫院裡碰到，他們都會給我們夫妻一

分溫暖的點頭微笑。

在復健教室裡，可以看到溫馨的愛，但也會看見現實殘酷的一面，我看在眼裡，感受在心裡。所謂家家有本難念的經，以及身不由己，就是這樣吧。在復健教室因爲看得透徹，所以更能體會自己決定親自照顧病人的決定是對的。就醫復健路上，每一次發生的突發狀況，我們都受到醫師、復健老師的幫忙而平順安然的解決，有驚無險。如果沒有他們，我們可能沒有動力可以每週持續到醫院復健。

有時也會聽到一些故事。一段日子後，如果病人是由其他家人或看護帶來就醫或復健，八成是配偶離開了（離婚了或請看護來照顧），其中有的是夫妻感情本來就不好，所以長期面對生病的配偶，只好選擇離開；有的是因爲想保有自己的生活；有的是經濟壓力；也有的是被打跑的。

在復健教室裡，病人大多是看護帶來，復健的多半是長者，有的樂觀看得開，有的默默低頭復健。也看過老媽媽中風，心情低落排斥復健，兒女在旁輕聲細語半哄半騙，請媽媽加油。每當看到這畫面，我都覺得好美、好溫馨。但是也看過兒子在爸爸復健時大聲責罵，在這小小的空間裡，人情冷暖的現實讓我時常陷入沉思。

我能夠持續下去嗎？

我的身體撐得住嗎？

我會不會熬不下去？

意外來得突然，一夕之間人生轉了彎，無法再回到以前的生活，我有能力可以接下家庭責任，讓這個家不垮掉嗎？

這樣的問題常在腦海裡盤旋，沒有答案，想多了心情多少會受影響。後來，我漸漸不想了，因為未來會如何發展，誰能預知？

我沒有退路，只能往前走。

以前我們的感情，因為環境、人言紛擾，分分合合，但最終都因彼此放不下而一路苦撐。如今，因為一場車禍意外，那些原本卡在我們之間的難題，變淡消失了。我們終於又可以回到以前談戀愛時的無憂無慮，受苦了幾十年的陰影，如今已不存在。喪失了某些記憶也好，至少可以忘記多年來硬撐的壓力，回到我們年輕時那樣，只管愛我就好。這失而復得的愛，也算是苦盡甘來吧。

生活中的復健課

醫院的復健每次只有一個多小時，我覺得不夠，也單調。我想到將復健動作融入日常作息中，這樣就可以隨時隨地、任何時候都復健。我們不常看電視，我會帶你做一些日常生活中簡單的事務，一起分工合作洗碗、曬衣服、摺棉被，雖然會花上兩倍以上的時間，也不在乎。我們現在什麼都沒有，有的是時間，**我們窮得只剩下時間**。我們天天散步慢走，邊走邊聊著環境的一切，什麼都聊。腦傷病人缺乏動機，所以我一定要主動，不厭其煩的找話題。每天聊一點，話題不設限，進步雖然緩慢，但將來回頭再看，我相信一定可以看出進步的成效。

我也有做紀錄與筆記的習慣，就算是一句不經意的話或是小舉動，都可能是日後參考的重要訊息。我用相片及出遊的票根，記錄養傷生活的每一天，不管將來會如何，只要有你的每一天，都有我陪著的痕跡。有時候我會童心大發，作弄你，躲起來嚇你，或是在你情緒激動咬牙切齒時，倒在客廳地板上哀嚎，要你哄哄我、拉我起來。有一次玩瘋了，我在河堤上故意作勢要跳河，你信以為真緊張的拉著我，勸我別跳。在你面前，我還是想當一個孩子氣的傻老婆，就像年輕時那樣。兩個人在一起，做什麼都是那麼有趣又好玩，不用循規蹈矩。

生活中我帶著老爸做的復健有：

學走路——跨大步、練習找到手扶梯的速度、走直線、走堤防邊、倒退走、閉眼單腳站立。

手部居家復健——曬衣服、折襪子、切菜、炒麵。

地板運動——躺著聆聽音樂、倒騎腳踏車、地板伸展運動、大字型放鬆、冥想。

腦部復健：玩遊戲——猜拳玩男生女生配（練習右手張握）、撲克牌（撿紅點）、摸麻將猜牌、簡單桌遊、等紅燈時隨燈號倒數秒數。

我們接近大自然，維持每天走四公里，去旅行（利用大眾運輸工具去環島、搭乘

台灣好行公車一日小旅行、日本自助旅行）、學習放慢步調（假日不往人多處走、好好走路、慢慢吃飯），配合節慶看展逛市集、去擁有共同回憶的地方（懷舊療法）。你盡力了我就給予稱讚，我想撒嬌時就對你撒嬌，做你以前喜歡我陪你做的事（邊看電視邊啃瓜子、牽手到處散步）。我發現旅行是最好的生活復健，我們會定點住宿三、五天，感受當地人的生活步調，與他們聊天，聽他們說故事，也聊我們的復健歷程。分享彼此的生命經驗，對我而言是紓壓，也是能量補充。

我希望透過對外接觸，與人際間的互動，刺激你還未開發或沉睡中的腦部細胞。在與初識的朋友聊你的事時，你會在一旁安靜聽著，有時我們的談話內容觸及到你時，你會突然插上一兩句話，有時會紅著眼眶說「我對不起老婆這樣辛苦」，甚至激動落淚或當場嚎啕大哭。

在陌生的地方，萍水相逢的人們，聽著我們的故事，陪我們感受這段日子來的心路歷程，看他們聽著聽著眼眶泛紅，我明白，他們因我們的故事而感動。台灣很美且交通便利，台灣好行公車的路線規畫得很好，我們一直利用大眾交通工具，逛遍台灣各地，享受養傷生活中的酸甜苦辣。放下身段，才能盡興而行，有些旅人或許會對我們多看一眼：我負責行李、入住、問路，這是一個需要克服的障礙，我盡量不去掛礙多想成雙成對的旅人及一家出遊時，男人負責打理一切的制式模式。旁人多看我們一眼，反正過了就不會再見，何苦在意不知情人的疑惑眼神？這些年來，我總是活在在乎他人眼光的生活，好不容易有機會可以扭轉現況，我要好好把握這個機會，給自己一個全權做主的人生。

不平靜的日子

在某個月的月初，你先是右腳拇趾的灰指甲不慎踢到，外翻九十度，急忙送急診拔除；接著發現你食欲變差，一查才知蛀牙的痛讓你食不下嚥；又過了一個多禮拜，你右額頭有紅腫破皮，一直以爲是針灸扎針後不慎抓傷。直到幾天後你直嚷頭痛，額頭的紅腫範圍擴大，到院檢查才知，是俗稱皮蛇的帶狀皰疹。只要免疫系統較差就容易得病，而發病在眼睛周圍最麻煩，因爲稍有不愼就會傷到視神經。那陣子，除了醫院的復健外，我們還勤跑門診就醫。

又過沒幾天，發現你右眼皮腫起，一摸硬硬的，類似骨頭，我越想越害怕，趕快又掛了眼科門診。看診後，排除了帶狀皰疹神經毒感染，但醫師建議轉診到整形外科或骨科檢查，病歷還沒有從眼科轉過來，我們在候診室外等著。我嘆了一口氣，看來好像身邊事一件一件都在掌握中，但心卻靜不下來。你的右臉因粉碎性骨折植入了骨板，手術之成功，讓人幾乎看不到手術疤痕，兩頰在對稱方面也很OK，但現在我開始有些擔心，是不是在一連串的手術後，有我該注意卻沒注意到的地方？我擔心有疏忽之處，讓你在養傷復健過程中，有了遺憾。

終於等到我們進診間，醫師檢查後，也認爲你眼皮下垂腫大，不像是帶狀皰疹的感染，爲求愼重，安排了X光檢查，結果是骨板突出來了。醫師仔細看了你的病摘，知道先前你做了可吸收式骨板的植入手術，一般來說兩年才會完全吸收，你右眼角骨頭突起，是骨頭復原長得快？還是有別的原因？外行的我聽不懂醫師的陳述，但至少知道這不礙事，開刀取出就好，前後住院三天便可出院。X光片顯示骨頭癒合情況良好，我放心了，隨即安排住院。

眞是難爲你了，先是拔腳趾甲，然後是補牙，還得裝牙套，接著帶狀皰疹來攪局，現在又要接受第四次開刀。雖然關關難過關關過，但接下來還有多少難關在等著我們呢？

轉念的力量

安排好開刀日期後，雖說是小刀，但心情依舊不安。帶狀皰疹引起的神經痛讓你更顯疲憊，沒什麼精神跟體力。看你這樣，我的心情也連帶受影響，該做的事都提不起勁來，很想做點什麼來轉移注意力。

坐在餐桌前看著遠方高速公路，車來車往，想起以前你每次收工後，一定發LINE告訴我你收工了。我想像著你急著回家的樣子，把思緒停留在以前。以前我常因爲你開車速度太快而鬧彆扭，每次都擔心你撐著疲憊的身子硬是開車回家。接著又想起你在振興醫院住院時發生的事，當初住院時，也不知道會如何，只是很直覺的認爲你必須在醫院的環境，這樣有什麼狀況，我才有管道尋求協助。果真，檢查出腦室腫大，化險爲夷動了刀。

我的思緒繼續亂竄。突然轉念，若非因額頭有類似破皮抓傷紅腫而就醫，我應該

也不會追根究柢一路看診檢查，最後才知是眼皮骨板突出。還好有發現異狀，不然皮膚會被骨板越撐越薄，那就糟了！想到這，我的心情好多了。開刀是爲了解決問題，任何事都有風險，我不能把自己逼得太緊。

住院開刀的前一天，我沒有安排任何行程。早餐後，我們去河堤散步，有一搭沒一搭的邊走邊聊，忘了起頭的話題是什麼了，只記得聊到最後要回家時，我們互相約定好，要找回自己。**我說不要找回以前那個老爸，因為那個你太辛苦了，我們來重塑一個全新的自己，找回內在那個最純真的自己，你說好**。

你問我：「妳找回自己了嗎？」

「還沒有，我正在找。」我說。

我相信我可以找到，我相信老爸也能找到他自己的。紛紛擾擾、混混噩噩的一生，是該休息，放下光鮮亮麗又虛幻的外在，好好面對心靈深處那個自己了。好好跟內在的自己共處，讓他帶領著我們，領悟接下來的人生。除了我們經歷過的人生，一定還有更多必須珍惜體驗的路在等著我們，總有一天，我們會找回自己的。

上午十一點整，你被推進了手術房，我靜靜坐在手術室外的椅子等著，有點緊張。旁邊有一家原住民，感覺出來他們很焦急，不一會兒他們的朋友來了，六個人手牽手圍成一圈，用母語念著禱告詞。聽著他們低沉誠懇的禱告聲，我也感受到他們的虔誠，內心的緊張漸漸淡去。真心希望他們的家人，手術成功。

我抬頭看見電腦螢幕跳出你的名字及後頭的那行字：準備中。

「你也是，要加油，我在等你。」我低頭禱告。

住院三天後，終於可以出院了。早晨六點，你突然全身起紅疹，我趕緊按鈴叫護理師，醫師研判是藥物過敏，馬上打了針，沒多久消腫退疹了，所以依照原訂計畫辦理出院。回家後，我讓你午睡，沒多久你起身上廁所，卻在廁所裡暈了過去，全身又起紅疹，我跟兒子馬上送你回醫院掛急診。醫師排除了腦傷後遺症及其他病因後，研判除了藥物過敏外，可能術後體力也虛弱。紅疹約一個禮拜會漸漸緩和，要你盡量多喝水、也要多休息，不敢再開藥給你吃，改用外用藥膏讓傷口不致過於疼痛不適。藥物過敏帶來的不適，讓你顯得異常疲憊，食欲也變差，扒了幾口飯後，吃了藥，又昏昏睡去。

回想這兩個月來，你的右眼皮偶爾會腫腫的，有時又不會，所以我一直沒有正視，還好這次算是誤打誤撞，發現了問題。繞了一圈，總算否極泰來。**任何不好的事情發生，都會有好的影響出現，端看是否能靜下心去察覺好的影響在哪。**我相信，只要我穩住，天不會絕我的路，祂不會讓我們的家散了，也不會讓我身陷絕境。我相信上天慈悲，祂給我們的考驗，都是最好的安排。

七個月後的第一聲老婆

一天深夜，你輕拍我的背，我翻身含糊問：「嗯？」

「老婆……妳是我老婆……」

我先是應聲：「嗯……」，然後驚醒坐直身子：「你說什麼？」

你說：「老婆，妳是我老婆。」

我以爲你在作夢，再問一次我叫什麼名字？你是誰？

你靜靜回答出我的名字跟自己的名字，黑暗中我看不清楚你的表情，我呆楞幾秒後哭了，趴在床上，放聲大哭。沒想到你竟然在這種情況下，想起自己跟我。

這時你又迷迷糊糊睡著了，我緊緊挨在你身旁，不敢睡，深怕我一睡，你又忘記我了。

我的老爸醒了！整整七個月，我終於又聽到你叫我一聲老婆了！這是夢嗎？如果

是，我不要醒。

因為我是打不死的蟑螂嗎？還是我傻人有傻福？我終於等到你想起自己跟我。自從車禍後，我便沒了自己，住進你的世界，我這樣過著半年多孤單的日子，終究被我等到你的一聲老婆！

從急診室開始，我就不肯相信九分鐘前還在跟我說話的丈夫，再見面時已是瀕臨死亡、毫無意識。當時如果你活不下來，我們此生緣盡；如果活下來了，也可能是植物人或是留下嚴重後遺症的煎熬。但這些都因為你的一聲老婆，全部煙消雲散。

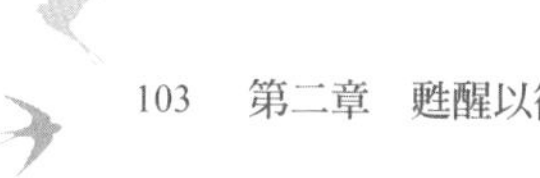

你，在哪裡？

幾週後，你的體力逐漸恢復，生活不再慌亂，我又回到陪傷的生活作息中。忙完家事已是凌晨，翻來覆去睡不著，明明很累，卻孤單到無法安穩入眠。明明躺在你身旁，如此靠近，卻有著遙遠距離的孤單。

我翻身面向你輕聲問：

「你什麼時候要回來？」

你喃喃告訴我，要我等你，你說你會努力讓自己趕快回來。悲從中來，我哭了，你睜開眼睛看著我：

「老婆，我喜歡妳笑的樣子。」

我知道這時候的你是清醒的，雖然我不知道還要多久你才會眞正回來，但此刻的你，回來了。你以前跟我說過，喜歡看我在聽你講話時，用手托著下巴，對著你笑。

「老婆，我想帶妳去公證。」

「啊？」

「老婆，我想帶妳去公證。」

這次我聽清楚了。

「爲什麼？」

「我要給妳好日子過，我不知道這樣做對不對，但是我希望妳快樂。」

你回到了很久很久以前，那個想給我安定生活，卻不知有沒有把握的年輕人。想起你以前跟我說這句話時的神情，眼淚又不爭氣掉個不停，我轉身背對你，我不知道該怎麼幫你，你才可以回來。

炎熱的七月天，但你一早起床的手腳卻是冰冷的，這跟以前身強體壯，不常感冒的你是天壤之別。這二十幾年來你定期捐血，定期健檢，無病無痛；如今元氣大傷、體質大變，免疫系統失調，我不知該如何是好。明明是夏天，你卻手腳冰冷到常在夜裡把我冷醒。每天熬水煎的中藥你持續在喝，日常飲食也特別注意，但身子還是這麼弱，我湧現出一股未來該怎麼辦的不安全感。

晚上你好早就累了，安頓就寢後，我躺在身邊看著你想，如果一直這樣下去，我該怎麼辦？如果將來我無法再照顧你了，你該何去何從？我們說好的一起牽手走一輩子的約定，怎麼辦？

我的情緒常因當天遇到的人事物，時而平靜、時而憂鬱，我總是在你入睡後，自言自語、低聲跟你說話，把我內心深處的無助跟惶恐、不安告訴你。有一晚，我的心情很糟，一個人訴說著擔心，我一直碎碎念，說我好像越來越不認識你了。沒想到你出聲了，你說你不滿意這樣的自己，說你最怕就是聽到我說我不認識現在的你，這對你來說傷害好大。

我嚇了一跳，黑暗中看不清楚你，是你在說夢話嗎？還是我的碎碎念吵醒你了？

「我在等另外一股力量出現，我在等另外一個○○○（老爸的名字）出現。」

我愣住，不知該不該出聲回答。

黑暗中的你，腦袋是認眞的嗎？是清醒的嗎？

腦傷嚴重的你，幾乎忘了所有記憶，與我相關的記憶，卻似有若無。有時候跟我對話，能夠有條有理，甚至蘊藏著智慧。當你對我說出這兩句話時，我真想知道，是外在面向的你、還是內心最深處的那個你，在與我對話？

我也好想知道，你在等的那股力量，什麼時候會出現？

不變的我愛你

最近你常常脫口而出說：「我好愛妳」，有時一個晚上可以講幾十次。醫師說這是額葉受傷病人的特徵之一，情感表達最接近原始的本性，沒有修飾。而這樣的你，我有點不習慣。夜裡常常被你拍醒，聽你說：「我好愛妳」，我說：「我知道，你剛剛才說過，我好想睡，你不要吵我啦。」

你會說：「好，晚安。」

不到十秒鐘，又會拍我：「我好愛妳。」

「好，聽到了，晚安。」我把身子往旁邊靠。

不一會兒，你又伸長手過來拍拍我：「我好愛妳。」

如此，睡眠一直被打斷，有幾次我偷偷跑去睡客廳沙發，然後在床邊放感應器，只要你下床上廁所，感應器就會喊「歡迎光臨」，這樣我就可以留意你。等我再聽到

一聲「歡迎光臨」後，就知道你又回到床上了。這時，便可再繼續安心睡覺。你的「我好愛妳」，從夜裡發展到白天，常常在公車上、行進間，冷不防就對我來一句，也不管旁邊是否有人。

以前的你，就像一般爲家庭、爲工作ㄍㄧㄥ住的男人，不擅長也不習慣表達情感；如今，想到什麼說什麼，說過即忘。**該慶幸你現在了無牽掛活在當下？還是該心疼你的每一天都不會留存在自己的記憶中？**

過了即忘的那種感覺，是怎麼樣的感覺呢？

我好奇的問你會心慌嗎？

你說：「還好。」

傷後的你沒有病識感，不知道自己出了重大車禍，也不知道失去記憶了。現在還留存在腦中的回憶，對你而言，就是全部的記憶。

你用舊有的記憶在過現在的日子，這樣的日子，會一輩子嗎？

如果會，那我該怎麼辦？

當我在做家事無暇陪你的時候，你會坐在沙發上，眼神追著我、注意我的一舉一動，感覺出來你對現在這個家的陌生。你不會隨意起身走動，我忙裡忙外的，有時給你一個微笑，若是心裡有事無法釋懷時，我會避開你的眼神。在一個屬於我們的家，你近在咫尺，我卻進不去你的世界。

我想起以前的我們，住在將近九十坪的屋子裡，各自忙碌，但是心很近。大大的屋子很熱鬧，每天都有不一樣的事要忙，每天都要計較彼此何時有空、誰該配合誰做什麼事。**如今，什麼都停了，只有日子沒有停止的繼續著。**

受傷後的你，性格幾乎完全變了，只有對我的關注依舊存在。以前是我黏你，現在是你黏我；以前是我沒有安全感，如今是你對一切沒有安全感。你記得我的名字、記得我們在淡水相識，卻不記得每一年的相識日、不記得我們去了淡水的哪家店聊天；就像只瀏覽報紙的大標題，卻沒有閱讀內容，只知大綱不懂細節。你知道我是你老婆，卻不記得我們是如何相愛的；你記得兒子們，卻不記得跟孩子們的相處細節。我知道你的腦部受創嚴重，但不知道你的記憶有哪些存留？哪些交錯移位？很想知道你如何看待現在的我。現在的我，在你心中是什麼？在哪一層？明明是我再熟悉不過的男人，卻讓我捉摸不定的你，是誰？長著跟我丈夫一模一樣的你，是誰？

我們的愛建立在彼此相知相惜，建立在爲愛情、親情努力經營一個家上，如今這些都被遺忘了嗎？如果是，那維持我們在一起的動力是什麼？爲什麼我死守著你不願離開？爲什麼我要日復一日這樣等著你？你當下的記憶會隨時被覆蓋，而我是日夜累積傷後生活的一切。對你而言我是老婆，一點都沒變；對我而言，你則是個必須重新認識的陌生丈夫。我想，唯一沒變的是你對我的愛。但是我變了，因爲你而變得堅強、獨立，還有心懷感恩、珍惜。珍惜活著跟你在一起的每一天。

很想知道你明不明白，以前那個在你保護下的笨老婆，時時讓你擔心、不放心的老婆，如今變堅強了。但是，也好脆弱。

爲你讀報

我好奇你對我的記憶，重整到什麼程度。你的近期記憶幾乎喪失，攝影師的夥伴，你還常誤以爲他們是攝助，這表示你對他們的印象還停留在十年或者更久之前。但是我發現，你記得我們近幾年才互相取的外號。車禍前幾年，你小腹越來越大，我幫你取了外號「派大星」，你不干示弱，喊我「笨蝦」。你說我雖然像蝦子一樣活蹦亂跳，卻笨得可以，只會瞎闖，做事全憑感覺。

這個私下互取的蠢外號，我們常常互相調侃、鬥嘴搞笑，它是我們之間的通關密語，我們喜歡在偷閒外出逛大街時，用這個外號互稱。我會捏捏你的肚子：「派大星，縮小腹」；你會搓搓我的頭髮，用台語回我：「妳這個笨蝦仔~這是腹肌！」這個遊戲我們玩不膩，我喜歡你叫我笨蝦的語氣。車禍一年半後的某天，我們在街上走著，你突然說：「笨蝦愛派大星。」我嚇了一跳，你怎麼記得這些？

我喜歡跟你一起手牽手散步的感覺，以前我從不開口唱歌，看了有關腦神經的書後，知道歌唱對腦部活化及記憶回想可能有幫助，所以我常常跟你在外頭走路時，哼唱我們那個年代的民歌。心情好時唱輕快的，憂鬱時哼唱悲情的，有時候隨著歌詞中的意境，我可以找回一點從前；隨著旋律，彷彿又回到年輕時的感覺，讓我覺得幸福又一點一點在靠近。

習慣在吃早餐時，翻翻報紙、找些時事讀報給你聽，雖然你的記憶無法存留，但是當下的你是有想法的。有時候你會像以前那樣，說說看法，雖然只有短短幾句，但是那神情、那口氣，多麼熟悉！會讓我錯覺你回來了。

除了讀報之外，我也會陪你看看國家地理頻道跟Discovery，這是你以前習慣看的頻道，我會邊看邊跟你聊節目內容。有些知識你記得、有些忘了，無關簡單或困難。有時簡單的知識你搖頭說不知道，有時有難度的知識你反而能一語說出箇中含義。以前你很喜歡我陪你看電視，但我往往爲了備課寫教材拒絕，加上我也不喜歡；現在我會陪你看電視嗑瓜子，跟你閒聊播放的內容。我常想，你應該是用之前存留的智慧在過現在的生活。現在的你少了壓力與煩惱，多了率直的情感與自在，這樣的人生，是好、還是壞？

對這個腦傷後的丈夫，我充滿好奇；對我而言，你是獨一無二的特別。無論受傷前受傷後，我對你都有某種情感上的依賴。雖然以前我們是歡喜冤家，我常做出讓你揹心的任性舉動，但我們一定是有好幾世的緣份吧。

台灣的交通事故當中，腦傷比例最高，有人撐不過走了，有的存活下來。但是，那些像你這樣活下來的人，哪裡去了？除了被關在家裡、入住照護中心外，有沒有人被放棄了？我好想知道，這些腦傷患者後來怎麼了。

不把你當病人

當我想暫時靜一靜、逃離現實時，我會離家出走。有時候在外住上一兩天，或者斷絕與外界的聯繫，心裡會好過些。我離家不是單獨一人，有你陪我。當外界的人事物讓我喘不過氣來時，我容許自己暫時逃避，躲得遠遠的。我明白我需要喘息，不然情緒一定會影響照顧品質，我沒有理由讓你無辜承受這些。

跟你找個可以暫時逃避外界的地方，放逐自己，是我們小小的幸福。

淡水有我們初見面的青澀甜蜜；五指山山路旁的小溪流，是我們洗淨灰頭土臉的天然美容池；台北的筆直馬路，是我們嘻哈學頑皮豹走路的伸展台；九份是我們身心放鬆、享受熱鬧參雜寧靜的奇幻山區。台灣有好多可以讓我們躲藏的地方，我們找到跟世界小小抗議的對策，旁人不懂，我們懂。逃避可以是心情盪到谷底的嚴重抗議，也可以是偷得浮生半日閒的叛逆快感，我選擇以後者來紓壓。過去回不來，我選擇往前看、繼續走。

當你學會行走後，我就不把你當病人了，那大概是車禍後三個多月。當時你除了會行走外，什麼都還是處於失憶、失能的狀態。我帶你去以前熟悉的母校、餐廳、景點，任何一個可以刺激你腦部的人事物，我從不放過。每天教你自己的姓名，告訴你我是老婆、畫家庭圖讓你知道自己有老婆還有兩個兒子、還有父母兄姊的姓名。那段日子我最常問你：「我是誰？」然後自問自答：「我叫○○○，我是你老婆。」心再痛，也要笑著說，跟你說著我們共有的回憶，還有屬於你的一切。你從沒回應我，眼神空洞，就算跟我面對面，眼神也彷彿穿過我的身體看向遙遠的未知。我想那時候的你，身在、心跟靈卻在不知名的空間神遊，找不到回來的路。

我不想也不願意把你當病人，只要是安全無虞的事，我都讓你重新嘗試。我一個口令，你一個動作，忘了就再教，不斷重複。如果我情緒不佳或有時間壓力時，我絕對不教你任何事；當我不安定時，是不可能以從容平靜的心境面對你的。如果我當天情緒狀況不好，就以最快的速度做好該做的事。我把教你生活技能安排在心情及體能狀況良好時，因爲這樣才能事半功倍。

只要我覺得你可以辦得到的，就會跟你一起做，我不怕你右肩關節的問題，因爲每週的醫院復健從未間斷。你重置肩關節，就是要使用，如果因爲受傷便凡事有人代勞，這不是我要的。只要到得了的地方，就搭捷運、公車、高鐵、飛機、火車，我們台灣四處逛，步調雖慢但是很自在。偶爾還能與自己的內在小孩相遇，傾聽內在的聲音，享受何謂安頓心靈，感受幸福感。**大自然是最好的復健教室**，親近青山綠水、享受大自然的寧靜，除了讓我得到心靈上的紓解，對腦部重創的你，更能吸收讓腦部活化的良藥——芬多精。

當家人發生意外或生病已成定局，轉念是照顧者一定要改變的生活態度。如果不轉念，日子一定會過得亂七八糟，生活成爲毫無存在價值的夢魘。人生路不會一路平坦，全看我們怎麼去走，走在康莊大道上有大道的神氣跟壯觀風景，彎入羊腸小徑有小徑獨有的小花小草景緻宜人。我的心境決定我看世界的心情，我若喜歡我的人生，人生就是美麗的。

第三章

相依為命

立秋的期限

再度學會行走的你，依舊不知道自己的名字，周遭的一切名詞對你而言一片空白，你不知道什麼是杯子、什麼是碗；不會拿湯匙挖飯，不知怎麼握筷子，也不知道坐的東西叫椅子、看到的叫樹木、吃下的叫做花椰菜。我每天講、每天教，買蘋果回來讓你觸摸、讓你聞，告訴你這是蘋果；拿湯匙給你握，告訴你這是喝湯用的湯匙，我繼續教你生活周遭物品的名稱與用途。

我用盡方法，大量閱讀腦部構造、腦神經發展、語言學習有關的醫學書籍，我不停的試，只要不違背醫學治療的方式，我都試。那陣子的我，不斷吸收醫師言及的書中知識，相互應證，設計屬於你的專屬教材。除了這些，我們每天散步一到三公里。我會隨時跟你講話、找機會提問，問你現在很熱穿短袖，所以是哪個季節？問你如果下雨了，要拿的東西叫雨傘還是水壺？這樣一天過一天，我沒有想過今天以後的事。

是巧合？還是你在等我親自照顧？一路走來，我觀察到一件事，就是**腦傷病人最需要的，是家人的陪伴**，尤其是最熟悉的家人。陪你說話、復健；眼神相會時給你一個微笑；當你完成一個復健動作時為你鼓掌加油；出門時牽著你不放手，讓你有安全感，帶著你走出家門接近人群、接近大自然等，心情輕鬆愉快、有安全感，就是給腦傷病人最佳的居家照顧。腦傷病人需要的，是**單純的環境**、**不間斷的醫療復健**、**樂觀的親人，還有不放棄的意志**。

很快的，一年過去了。立秋前一個禮拜，我的心開始紛亂。因去年過完農曆年不久，大姑告訴我，她們去廟裡抽籤，說你在今年秋天腦傷就會恢復。立秋到了，我有說不出的無助。常常在夜裡煩惱到底該怎麼辦，整個人變得只會空想發呆，無法思考。當你入睡後，想打起精神寫下自己的心情，但筆一提，腦袋卻紊亂到寫不出一個字，只有往事畫面一幕幕，轉換不出文字。寫作一直是我自我療癒的方式，現在卻不管用了。

腦袋閃過一幕幕的回憶，是你帶著我跟兩個兒子外出的情景；你的身影，像大

山一樣，我跟孩子什麼都不用操心、不用怕。想著每次回婆家，我跟孩子總被晾在一旁，婆婆每回都要跟大家說你小時候有多懂事、多不讓她操心，大姑在一旁應和著，你當時的表情，在其他地方是看不到的。你孝順，不說媽媽不喜歡聽的話，有苦自己忍，我在想，你內心到底藏著多少不爲人知的過往？

你曾說，印象中好像是自己長大的，在你有記憶時，大哥、二哥已經很大了，爸媽每天早出晚歸，晚上才看得到家人。鄰居會互相照應，有時要你去家裡吃飯，所以你也不覺得沒人理。自小親朋好友都說你乖巧聰明又能幹，東西學得快，因此全家人都很疼你，說你將來的成就一定會比他們好！

立秋後，我的心情變得更不安穩。明明知道腦細胞復原需要時間，以及太多環境上的因素，但立秋後的我變得敏感、不愛講話，思緒經常停滯，開始胡思亂想。有天夜裡，我崩潰了。忘了發生什麼事，或許長期的壓抑讓我爲了一點小事，情緒變得一發不可收拾。

我對著信仰的觀世音菩薩訴說著我的努力與堅強，我告訴祂我沒有一天偷懶，是那麼堅強的在照顧丈夫，祂爲什麼看不到我的努力跟祈求？我跪下來求祂看看我，我的淚一滴滴落下，我感受不到菩薩在聽我講話。我無助的跪坐在地，你靜靜坐在一旁看著我，沒有像以前那樣過來扶我，要我不要哭。不知過了多久，你無聲的走過來，蹲在我身旁，把手掌放到我的下巴，讓我的淚滴到你的手心上，對我說：

「老婆給我時間，對不起，讓我抱抱妳好嗎？」

我東說一句、西湊一語的把心中想說的話傾洩而出，你沒有出聲，靜靜擁著我的肩膀，我們就這樣跪坐在地上。那一晚，我覺得世界要放棄我們了。

睡前，我問你記得剛剛的事嗎？記得你有來安慰我嗎？你搖頭說：

「我沒有印象。」

求醫路上的挫敗與堅持

搬回台北之後，我積極尋找治療腦外傷的醫師，帶著老爸與病摘，掛診求助。有一次在洪蘭教授演講結束，我還直奔到後台找她，請教她有關腦部受創的知識。醫師們聽完他的傷勢後，都無法給我一個明確的答案或方向，大部分都是安慰我幾句，要我試著接受，因爲能活下來就很難得了。我還記得，洪蘭教授親切的拍拍我的肩，要我堅強。

我每天想的都是如何救你？怎麼做對腦傷最有幫助？只要一有異樣，就算只是些微的變化，我一定馬上掛診詢問醫師；記下專有名詞，回家立即查資料。看到相關書籍就買回家看，哪怕只有一小篇幅提到海馬迴、前額葉、腦創傷的文章。我相信勤能補拙，我一邊照顧你，一邊進修相關知識與照護技巧。

在離開恩主公醫院三週後，我們自費等候振興醫院的病房。入住當天，我主動

出擊告訴醫師，我在家裡的觀察與疑惑，經過再次檢查，發現腦室腫大（水腦症）。馬上安排手術後，接著便在三軍總醫院進行高壓氧治療及右肩膀的手術。一路過關斬將，最後，在國泰醫院汐止分院放慢腳步，開始了漫長的復健之路。

醫師緣主人福，我感謝每一階段的每位醫師對我這個窮緊張家屬的包容，我有任何問題，無論是否在醫師的職責內，他們都願意且不厭煩的爲我說明。你能有今天，除了自己的強大求生意志外，還有一路上貴人醫師的相助。我們接觸的醫院不是龍頭醫院，但都是你的救命恩人。求醫路上我也碰壁過，曾在朋友的安排下到知名大醫院求診，候診兩個多小時。醫師問診時，翻翻我帶去的一大疊病摘後說：

「這麼嚴重的腦傷能恢復成這樣，差不多了，我開兩個禮拜藥吃吃看，有需要再自己掛診回來看。」

我在家裡反覆背誦演練，要請教醫師的問題，還沒說出口就被請出診間。

離開診間，我推著你，稍不留神你還會不自主整個身子滑下輪椅。我跟媽媽一人一邊，托著你的身體、等候批價拿藥，心裡有淚卻流不出來。回家後，我把藥袋扔了，然後告訴自己：「再繼續找，總有辦法的！」

無論何種治療，都有一定時間的療程，有的快、有的慢，我看過有些家屬經過一兩年治療之後，慢慢將時間拉長或斷斷續續，這都是很可惜的。**復健之路就像馬拉松，不能慌、不能急，也不能被外在環境所影響，每個傷者都有自己的復健步調，他們需要時間。**

如果我懈怠了，你的復原希望就會變少，所以我一直提醒自己，一切以你的速度爲主。**慢慢來，是我在照顧你的日子裡，領悟到的生活哲學；慢慢來不是偷懶，它是面對人生的生活態度**。當我試著放慢腳步後，有了跟以前不一樣的人生觀。既然我將你的養傷列爲生活目標，就必須先安頓好自己，抱持正面積極的心態，唯有照顧好身心靈的平衡，才有正向能量跟樂觀的心，陪伴你養傷。

你的中醫治療是從車禍半年後開始，這已經過了大家所說的黃金治療期，但是我沒有被影響、不願放棄，每週依舊帶你去針灸、服用中藥。緩慢的進步幾乎無從察覺，但我有腦傷後的後遺症紀錄，所以每當翻閱幾個月前的紀錄時，都會雀躍你的進步，更加堅定不能放棄任何治療。日子一天一天過，我們持續著復健與治療，盡量保持生活規律，學習慢活，懂得怡然自得。

心靈照顧不需要往外找機構或老師，我們就是彼此的治療師。心中只要有幸福感，任何治療都能事半功倍，我們能感受到自己被照顧、被關愛著的那種安全感，不用說出口，靜下心來就能體會。我相信細胞有記憶，輕撫能讓人感覺被愛、輕聲細語能讓身體放鬆，就像我們聽到某一首歌、重遊某一個地方時，會連結起當時的情緒一樣。出路不在於別人的指示或引導，全仰賴自己想如何走下去，**好好跟自己相處是很重要的，尤其是在照顧者這條路上更是如此**。

心疼你的無助

「瀰漫性腦創傷」，這個詞彙對我而言是醫學名稱，我對它一無所知。自從老爸車禍後，我開始大量閱讀腦部相關書籍，從大腦的基本構造到腦神經介紹，無論是工具書、案例分析到相關情節小說、影片，只要跟失憶、腦傷沾上邊的，我都買回家看。我需要大量的資訊來面對照顧你的背景知識，我無法分辨哪本適用、哪本對我有幫助，我只能不斷吸收，消化後截取對你有幫助的知識，加強我對醫學及照顧傷者的資訊不足。

沒人知道你哪些腦細胞已壞死？哪些受損？你有時可以說出跟以前一樣的思想跟見解，你還保有跟受傷前幾乎無異的幽默感，但是唯獨在生活技能上，東漏一塊西掉一塊，尤其是洗澡順序，你總是記不住。爲此我跟孩子們傷透腦筋，百思不解。直到有次聽醫師解釋才知道，原來洗澡是屬於高認知功能，我唯一能做的只有不斷重複

教。有一本科學雜誌寫道：同樣的行爲連續做了二十一次就會成爲習慣。你學洗澡順序學了不知幾十個二十一次，還是會在同一個動作停住，我用盡各種方法，一直無法讓他突破，每次都在同一個地方，像當機一樣定格，不知道下一個動作是什麼。

一晚，在幫你洗澡時，你突然說：

「請妳不要瞧不起我，妳不要放棄我，請妳幫幫我，教我！」

我鼻頭一酸，眼淚在打轉。

「老爸……你不要這樣講啦。」我咬著嘴唇。

以前只要我咬住上唇，你就知道我的極限到了。我不哭的，眞的忍不住，就會咬著唇，不讓自己哭出聲來。你常說外人都低估我了，平常我可以是好好小姐，但一倔起來六親不認，能被我列入拒絕往來戶的不容易，可一旦列入，這輩子絕沒有轉圜的餘地。你不喜歡我這樣，好壞善惡中間沒有灰色地帶，你覺得這跟我從小在單純、沒吃過苦的環境下成長有關，這一點，我一直很不服氣。

我強忍著不讓淚水落下，但是心好酸！面前的你，完完全全忘了只有你才知道的小動作，你忘了；你的眼神告訴我，你忘了……我哭了出來，往前一步抱住頭髮還沾滿洗髮精的你。我越哭越大聲，你也哭了，我們兩個抱在一起，嚎啕大哭。

我想你內心應該很痛，一個男人說出這樣的話，情何以堪？我懊惱沒有顧及到你的感受，才會讓你脫口說出心裡的無助。你曾是這個家的天，如今成了要人協助才能洗澡的男人。你的話，刺進我的心，幾近哀求的口吻，讓我崩潰。你的無助我感同身受，雖然我不能代替你受苦，但是我可以陪你重新學習，給你一個安全感十足的家，讓親情把無助轉換成努力復健的動力！

我試著轉換心態，告訴自己，教育總說要讓孩子快樂學習，其實任何人都喜歡在快樂、輕鬆自在、無壓力的氣氛下學習。教育是我喜歡的領域，設計教案是我的專長，我駕輕就熟，而你又是我最重要的人，我希望你快樂，我要你在安全感及幸福中過養傷生活。除了身體上的照顧，心靈上的關注我也很留意，因爲重症腦傷復健期，短則三年長則五年、十年也不一定，這是個長期抗戰，我已有心理準備。

臭老爸，你怎麼都會

我知道有些家屬無法面對患者的失語症，而去求神問卜，或將患者誤以爲精神失常，這是很危險也很可惜的。萬一將患者誤診爲精神失常去醫治，或關在家中與社會脫節，那麼患者的人生就沒有機會了。**失語症不是病，它是腦創傷後遺症的症狀之一，只要藉由醫療協助、家人的包容，一定可以改善並且度過**。

記得有一陣子，我會在早餐時幫你點一杯綠豆薏仁。你總是指著綠豆薏仁說要喝湯；有時看著玉米濃湯，會用詞錯亂說：「我喝一口蛋。」

於是我想到辦法：

1. 寫出「飲料」跟「湯」；
2. 列出特徵（只列出大方向，以免造成混亂）；
3. 舉出例子（只列舉你以前習慣喝的飲品，讓你有更多的成功經驗，增強自信

心）。

不知喝了多久的綠豆薏仁，你終於知道喝的是飲料了。

【命名困難】

⊙我指著杯子問這是什麼？你說不知道，我再進一步說明：「這是喝水會使用到的」，這時你便可以回答出：「杯子」。我指著雨傘，你依舊說不出是什麼？當我說：「下雨天時會用到的」，經過說明用途後，你便可說出正確的物品名稱：「雨傘」。

⊙你也常把拜拜使用的燒金桶，說成菸灰缸、把電視說成袋子等。

【表達混亂】

⊙你說：「我想擦擦嘴巴」，動作卻是拿杯子要喝水。

⊙你把保特瓶飲料放在桌上時，對我說：「這樣汁會不會太多？」（你想表達的是「放這裡可不可以」。）

⊙你看著對面大樓陽台說：「上面很熱，因爲曬不到太陽。」（你想表達的是「大樓樓面曬不到太陽，陽台比較涼」。）

⊙天熱想喝水時，你會說：「我想喝熱。」（你想表達的是「我很熱，我想喝水。」）

⊙麵吃完了，你很認眞的告訴我：「我覺得我沒有吃乾淨。」（你想表達的是「我吃飽了」。）

【雞同鴨講】

經過命名困難、表達混亂期後，接下來的失語狀況，稍稍爲照顧路上注入了一些些歡笑。先是開始說台語，沒有主詞、形容詞、受詞的編排，混亂的片語呈現，我根本猜不出你在講什麼。沒幾天，講出句子了，卻是台語夾雜著英語，有時短短幾個字、有時落落長一大串，更多時候是突然蹦出一個英文單字，一整天重複著。

我是英文不通、日文小懂，所以那段日子的對話，根本是雞同鴨講。每天面對你的胡言亂語，我並不擔心，因爲我已經事先請教過醫師，也研讀過失語症相關書籍，所以我沒有慌張，平常心面對。

你的失語狀況持續了好幾個月，我觀察到你跟受傷前一樣，學習能力很快，只是因傷及全腦，尤其是前額葉，而海馬迴更是嚴重受損，所以留不住新訊息（這是腦瀰漫性軸索損傷的典型症狀）。那幾個月我每天教你物品的名稱、教你分類（交通工具類、食物類等）、歸類同類物品（例如說出五項水果、說出五種動物等），我每天變化課程內容，凡是能想到的題材，都將它列入復健課程中。腦細胞有無限潛能，我相信只要持續保持動腦，一定會有成效。我要你說出自己想得到的語彙來表達，如果真想不出來，就提示前面一個字，讓你可以接下去。只要說對了，我便像以前跟你撒嬌般搖搖你的手說：

「臭老爸！你怎麼都會！」

通常這時候，我都能感覺到你愉悅的心情，然後我會見好就收，暫停復健。

「我想去散步。」我會故意撒嬌。

你會跟以前一樣說：

「好，我帶妳去散步！」

我想幫你回憶起以前我們相處時的生活模式，雖然你沒有定向感、不記得路，但我不會用照顧病人的心態對待你。如果把你當成病人，就會少了很多重新學習的機會。最重要的一點是，人都希望被需要、被關愛，我要讓你明白我跟孩子需要你，給你一份被需要的使命感。我相信責任感會讓你振作，更可能創造出連自己都不知道的超能力！

或許有人會認爲何苦這樣麻煩，就讓你隨著時間自然學會就好，事實不然。**如果凡事都由家人代勞，或忽略傷者用詞不當而不予理會，那麼大腦就會用盡廢退。**

頻頻出招

你的行動越來越穩，不需我隨時在旁提防你跌倒後，在外如廁我們便不再使用無障礙廁所。第二年的夏天，我們去了一家購物中心，逛街前我們先去上廁所。我照以往叮嚀你，站在看得到我進廁所的角落等我，當我出來後，你卻沒有跟以前一樣在原地等我。我在附近找了一下，仍不見你蹤影，我開始緊張。這個新開幕的購物中心我們第一次來，對動向完全陌生，賣場的另一邊還在施工，萬一你不小心走到樓梯間，被工具絆倒而跌下樓梯怎麼辦？往外找了一圈後，我決定求救，通知賣場協尋，然後奔出購物中心往外找。

一大堆不祥的念頭湧現，新聞報導曾有家人就這麼失蹤從此沒了音訊，我怕你就此不見；我怕購物中心外頭車輛進進出出，萬一沒有注意到而撞上你；我怕你胡亂上了公車，離我越來越遠。我邊跑邊嘶喊著你的名字，烈日下，汗水淚水已分不清，我

不在乎路人用驚訝、疑惑的眼神看我慌張亂竄，腦海裡只想著：「不要嚇我！你在哪裡？」

時間一分一秒過，我邊找人，邊通知兒子跟家人，心裡有了找不到就報警的打算。我再跑回購物中心，在大廳深呼吸，強迫自己靜下心，告訴自己不能再慌張得像無頭蒼蠅。我開始用眼睛搜尋著賣場，心想你最有可能走的路線是什麼。我走到正中央，細看每家店的內外動靜、用餐區椅子上坐了什麼人、大樓安全門有無異狀，終於，我看到你了。

你正在結帳櫃檯，手裡拿著一罐超大罐的高齡長者專用奶粉，正準備結帳。我跑過去，抱著你大叫：

「你嚇到我了！」

收銀小姐及在後頭等待結帳的客人，一臉狐疑看著我們，我轉身九十度鞠躬：

「謝謝，謝謝！對不起！」

我拿起你手上的奶粉，放到收銀小姐手上，小姐一臉錯愕、嘴巴微開正要說什麼時，我已牽緊你的手，快步離開。

我問你幹嘛買奶粉？你說要買給我爸爸喝，我爸爸？我再確定是你爸爸，還是我爸爸？你大聲說：

「妳爸爸！」

車禍後，爸爸對他的態度完全不一樣。以前你們是有點距離的，沒想到車禍後，在家裡嚴格出名的父親，對你的態度變得包容中帶著疼惜。我有點吃驚我爸的改變，沒想到你們兩個大男人會因一場車禍，發展出如父子般的柔情。

兒子上網查個人衛星定位器的資訊，三天後貨到了，你身上又多了一項安全設備。這次的走失，或許是個進展，你開始有動機想向外探索，雖然嚇到我，但是我選擇相信這是一項新發展。

你開始會問爲什麼，次數一次比一次多。這是一大進展，表示你開始注意周遭的環境，不再事事依我們安排。你看見我在看報紙，會問標題是什麼意思，我會擷取大致內容念給你聽，也會試著以開放式問句，回問你的看法如何。這是訓練你多方思考的活教材，只要你肯主動提問，我一定把握機會，跟你練習對話。

我曾問你現在總統是誰？你的回答從蔣中正到陳水扁、馬英九都有，每隔一段時間問你同樣的問題，答案都不一定相同。這表示記憶還混亂著，但是我不在意，因爲這些一點都不重要，重要的是，我一直看到你的進步。你大腦受損後的神經元連結、刺激、發展會如何，我或許無法找到答案，但身爲妻子能做的，就是相伴。只要你有一點點學習動機，我就不放棄。

剪去長髮，只爲聽見你

颱風即將來襲的一天，早上約七點半起床後，外頭已經下著大雨。我趕緊去後陽台關窗戶，你也起床跟在我後頭，我要你先去刷牙洗臉，便繼續在陽台做事。幾分鐘後聽到客廳沒有動靜，我以爲你又回房睡覺，探了一下房間，發現你沒在床上，大門微開。

我趕緊喊醒小兒子，要他趕快出門找你，我留在家中查看監視器，錄影畫面顯示你在七點四十分出門，然後按了下樓的電梯。有了上次的慌張經驗，這次我沒有像無頭蒼蠅般亂竄胡找，我強迫自己穩住，冷靜思考接下來該怎麼辦。外頭下著滂沱大雨，天雨路滑你又沒帶傘，雖然心急，但我不敢驚慌失措，深怕影響思考而誤事。二十分鐘後，有驚無險的找到人了，我們帶你回家。一進家門，我跌坐在地板上，小兒子將頭趴在桌上，我們兩個都說不出任何話。

每一次你有新的狀況，我就記錄在筆記本內，然後掛號回診向醫師請教、討論後，再重新設計照顧計畫。所謂上有政策下有對策，你每出一招（腦傷後遺症），我就接招。醫師告訴我，這是腦傷患者會出現的症狀之一。

車禍半年後傷勢穩定，我就開始帶你外出四處走，而你總會緊緊跟著我，不會離開我的視線，所以醫師也沒有特別交代。另一方面，一般的腦部重創患者，大多住進安養院或家中請看護全天照顧，所以這類情形比較沒有機會發生。你會獨自開門外出，讓我很緊張，因爲不知你何時又會悄悄開了大門外出。第一次發生時，我們花了一個半小時才找到坐在站牌候車椅上的你。接著我發現你會在我不注意時離開家；有一晚我洗好頭髮正在吹整時，發現你正在轉大門鎖，我問你要幹嘛。

「我想出去走走。」你說。

隔天，我將留了多年的長髮剪短，因爲我不希望吹風機的聲音蓋過你開門的聲音，長髮隨著俐落剪刀緩緩落下，我沒有不捨，我在心中祈禱：「剪去長髮，近來的一切不順遂，也會一併落下，會否極泰來的！」

唱歌給你聽

你的中西醫治療持續沒有停，唯一停止的是我對以前的想念，我強迫自己不准想，只要一動念，就找事情讓自己忙碌起來。你已不再是原來的你，我試著改變自己，重塑一個我，跟你重新磨合、相處、適應。

就醫路上貴人不斷，當然，也有遇到讓我難堪的醫師，不過大部分都是盡全力幫助、支持、鼓勵我們的。知道我在乎腦傷復健資訊及方法是否正確，他們盡可能的提供我更多、更廣的醫學常識；在我心情過不去的時候，他們充當我的輔導老師，鼓勵我、協助我釐清問題所在。讓我能排除心中陰霾，繼續用樂觀的態度看待你的腦傷。

有天下午回診時，醫師鼓勵我，說你的腦傷一定會再進步，我不信問：

「你們對每個家屬都這樣安慰的嗎？」

「我們醫師是實話實說。」

醫師包容我的失禮，沒有動怒，在身分上他們是醫師，我們是醫病關係；但在心理層面上，他們是我的朋友，精神支柱。

每次在針灸室，我都很擔心你亂動而影響到頭部二十幾根的針。無意間，我想到放一首抒情慢歌給你聽，你很自然的睡著了。我從不開口唱歌，因爲五音不全外加中氣不足，所以自小到大從未有人聽過我唱歌，但是我克服了不敢唱歌的心理障礙。在河堤散步時，如果路人稀少，我會唱年輕時代的民歌給你聽，後來你會跟著我哼唱。這個習慣是我們生活中不可或缺的調劑品，任何地方、任何時間，只要我想唱歌給你聽，便任由當下的心境，隨口唱出屬於我們那個時代的民歌。你車禍失憶，我用盡各種方法喚醒你的記憶，另一方面，也試著改變自己對生活態度的要求。我把步調放慢，標準放低。在生活上，我只求自在。

每個人對幸福感的認定不同，對我而言，跟你手牽手走在任何地方，隨興開口唱歌，就是一種幸福。我們常常唱得七零八落，歌詞亂編，有時唱到岔了氣、笑彎了腰，這一笑，什麼煩惱都沒了。這個時候，我覺得我好幸福、好滿足，我們生活在有彼此的陪伴下。

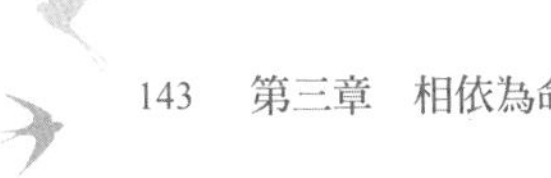

咬牙切齒

你的腦傷後遺症中，最讓我傷透腦筋的是咬牙切齒。因爲傷及前額葉，你在情感上無法克制，容易誇大感受到的情緒。只要人多或緊張、疲累時，常常咬緊牙根，等到我發現這狀況太頻繁、感覺不太對勁時，你已經咬裂一顆牙了！

有一段時間，你常常吃不到半碗飯就說不吃，問你餓不餓，你會說餓。既然肚子餓，爲什麼不吃飯？

是心情不好嗎？看你又不像；餐點不合胃口？也不像；該不會是蛀牙了？

安排牙科檢查後才知是蛀牙，因爲牙齒有裂縫，菜渣剔不乾淨，所以蛀牙。醫師建議裝牙套，而且要裝最難看但卻最堅固的那種大鋼牙，以防再被你咬裂。幾個月後，又咬裂了兩顆，只好再裝牙套。

接下來的日子，只要你準備咬牙切齒，我跟兒子們會馬上異口同聲大叫：

「牙齒！」這時，你就會用手嗚著嘴巴，微微皺眉說：

「哦、對不起我太激動了。」

這樣一來一往，搞得幾乎人仰馬翻後，你也漸漸知道狀況，常常一有咬牙動作就馬上道歉；道完歉沒多久又再犯，再犯再道歉，道歉後又再犯。每次出門或要跟朋友見面時，我都繃緊神經，時時盯著你。我請教醫師，醫師說很多車禍腦創傷者，如果頭部前額葉受創，通常都會性格大變，跟以往判若兩人，脾氣暴躁易怒，更甚者還會動手毆打配偶或家人。你受傷前自制力很強，ＥＱ也不錯，我想若是換了別人，我大概成了家暴受害者了吧。

有些腦傷病人，情緒上確實無法克制，家人若不了解，就會誤解他們，認爲他們是故意找麻煩、耍脾氣。我想或許有些病人眞的是因爲受傷而情緒變得暴躁失控，但有些是像你這樣，自己知道卻克制不了。

這種狀況持續了好長一段日子，沒有預警說來就來，我感到最抱歉的是復健老師，常常要面對你突如其來的咬牙切齒。雖然老師總說沒關係，但我還是心驚膽顫，深怕你的舉動會讓旁人誤會，造成衝突。有位看護曾告訴我，她看過有的傷者因爲受傷前後性情完全不一樣，跟家人之間多了很多衝突，而且情況越演越烈，最後家人只好把他送去精神科病房住院。聽到這，我捏了把冷汗，因爲不了解而失去可能痊癒的機會，太可惜了。

下一步該怎麼幫你？

這兩三個月來，你越來越容易緊張慌亂，感覺得出來很依賴我，而且沒有安全感。這樣反而讓你常常說錯話，做動作時猶豫不決，總要問我之後才敢去做。我問你：「怎麼了？」你說你會緊張、怕出錯，但不知道為什麼緊張；你說可能是發生什麼事，但不知道是什麼；還說對以前沒有印象，但不會害怕，因為你相信我會照顧你。

我問你：「害怕這種不知道過去的感覺嗎？」

「有一點。」你點點頭。

我不知道該怎麼幫你，能說的、能做的，我每天持續在做，但是我對你現在的狀況，完全無法掌握，我不知道你明白多少。腦部細胞有多少還是受傷的？哪部分是壞死的？哪些記憶是空白的？而我的下一步該怎麼幫你？現在的你，只有當下。當下說

的話，表現出來的情感都是那麼的眞實，但卻留不住。將來，你會忘記我在養傷的日子裡，爲你做的每一件事、掉的每一滴淚嗎？你會記得是我一路陪著的嗎？

我總覺得你潛意識裡有個過不去的結，我想嘗試催眠。催眠師評估後，認爲你不適合。朋友建議或許可以尋求諮商，但國泰醫師們覺得還不需要，所以我便暫時擱著這個打算。有一次醫院社工告訴我，有照顧者協會推出了園藝治療課程，我報名跟你一起去上課。我發現在團體中，你比較放得開，是不是上課的環境，使你不用擔心什麼？課程快結束時，帶領的諮商師願意爲我們設計課程繼續上課，我想試試醫院體系外的治療方式。我們兩個的感情看似與一般夫妻無異，但或許有傷疤沒被好好對待，外表沒有異樣、裡頭正化膿著。如果你是爲了逃避潛意識裡無法擺脫的陰影或壓力，而讓復健之路走得坎坷無法突破，那麼我想要挑戰這個人生關卡。我希望我的堅強面對，可以給你信心，讓你願意爲了我、爲這個家，努力繼續迎戰，戰勝腦傷後遺症，讓健康的腦細胞有機會活化。

接下來的課程，因爲學生只有我們，老師根據我們的狀況，做了一些深入的帶領，不知是不是我跟老師之間的信任關係還不夠，或者老師對腦傷的狀況不夠了解，我並沒有得到預期中的收穫。但這個課程讓人放鬆，透過園藝，我很享受綠手指的快樂；你就不行了，種什麼死什麼，爲此我沾沾自喜。家中陽台也因此種滿了香草植物，常常泡上一壺香草茶給你喝，看你直說好喝，我就覺得開心。

不記得自己，是什麼感覺？

一天下雨，不太想出門，我們窩在家裡，坐在餐桌前看雨、喝咖啡。我看著你，發了一下呆，然後問：

「你記得你以前嗎？」

你愣了一下說：「有些記得，有些不記得。」

「不記得自己是怎樣的感覺？」

「空白、無助。」你停頓一下說：「我會有點緊張，可是我會努力去記。」

我突然住嘴，看著你。

我眞殘忍！對於空白的自己，那是怎樣恐怖無助的感受？我怎麼能爲了滿足好奇心，一再追問你這種無聊的問題。

晚餐時，我問你：

「如果我現在離開你，你會怎麼樣？」

你說：「我會很難過，我會想著妳沒有離開我的時候。」

我看著你，你沒有太多表情，靜靜的回望我，但是我多了微笑，給你一個無言的鼓勵，你馬上回我一個微笑。

「傻瓜才會離開你。」我在心裡默默說著。

秋天了，下午的河堤涼風徐徐吹，我們在住家附近的河堤椅子上小憩。天空很美，藍中帶有一抹劃過天際的白，是飛機飛過的痕跡，這讓我想起了澎湖的天空。我仰著頭看著天空，很自然的將頭順勢靠上你的肩膀，你順手搭著我的肩，我一驚，趕緊移開頭。你一臉狐疑看著我誇張的反應，我驚訝又興奮！真棒！這些日子的努力復健，漸漸看到成效了。沒想到經過一年多的復健，你的右手除了無法做較大的動作外，拿筷、寫字倒能自如，現在還能舉手搭著我的肩！太好了！

跟你去醫院復健時，偶爾會見到眉頭深鎖、不發一語的病友，他們大部份是中風，少部份是車禍，或自高處跌落。每每見他們幾近灰心喪志的臉，我都會在眼神交會時給他們一個善意的點頭微笑，有的有回應，有的若有所思的別過頭。我想他們心裡是很苦的。每個人在生病或受傷後，都有段心痛的故事，我是健康人，很難體會那種苦。

復健教室是個看得見大家努力的地方，越逃避越無法釋懷面對必須復健的事實，唯有面對、接受、喜歡它，復健才不會成爲一件痛苦的事。復健這件事，我把它當成散步做運動，沒有設目標，就帶著輕鬆的心情，盡力去做就好。沒有設目標不是不努力，而是轉念面對病人的傷，按照你的狀況進行復健。如此一來，任何小進展都會令我雀躍，何樂不爲？

可以再次靠在你的肩膀上，眞好！希望日子就這樣順順過下去，不要再有紛擾，我也要改掉常常哭泣的習慣，打起精神過日子。

失憶，會不會是一種解脫？

以前，你最喜歡我幫你搓背，在大大的浴缸裡放滿水，用毛巾在背上刷啊刷的，摳掉背上的痘痘。你說這時候最舒服、最幸福，因爲我願意幫你摳掉背上的痘痘。

下午針灸完離開診所，走在國父紀念館外的人行道上，我隨口問你還記得這些嗎？你完全沒有印象。我說晚上洗澡時，我想幫你搓搓背，像以前那樣，幫你摳痘。晚上搓背時，你跟以前一樣，一臉陶醉直說好舒服，還問我手會不會痠？手痠就不要摳了。雙手拿毛巾刷著你的背，我有說不出的難受。以前，你希望我幫你摳痘，我都會耍賴，明明說好，等到你收工回家，我卻反悔說好累。你每天忙碌工作，我卻沒有爲你分憂解勞，反而常常賴皮又任性，答應你的事不做就不做，而你答應我的事如果延誤了，我就會鬧脾氣。

我手停了下來，你轉身看我。

我問你：「喜歡現在的生活嗎？」

「喜歡。我現在覺得很幸福。」

我心酸酸的說：「我希望我們可以互相扶持一輩子，你要記起生活上的一些事，學會照顧自己，才能跟我一起互相照顧、互相扶持。」

你表情認眞，擰了毛巾說：「我幫妳擦擦臉。」

你仔細爲我擦去臉上的水滴，眼神就跟以前一樣說：

「我眞的很喜歡妳，很希望我還能照顧妳，我不知道我能不能，但是我是眞的希望我還能夠跟以前一樣照顧妳……」

聽你這麼說，我哭了，你又擰了毛巾，幫我擦掉淚水。你再一次重複說，這一次我靜靜聽著你說的每一個字，努力把它烙印在心底。我問：

「老爸，你會好嗎？你現在記憶裡還剩下什麼？那是什麼感覺？」

「我不知道，我怕我不會好……」你越說越小聲。

你自小家裡經濟不好，吃了不少苦，一路半工半讀到出社會，沒一刻放鬆。如果失憶可以讓你把以前的壓力忘掉，那也是一種幸福與解脫。

回來一些的你

最近你要如廁，都要好久才尿出來，要不就是等半天等到尿意都沒了。我只好利用回診復健科時請教醫師，醫師建議去泌尿科檢查一下，有可能是哪裡不舒服，卻不知如何表達，只要去驗個尿，有什麼問題便知。我馬上掛了泌尿科，領了尿杯，要取中段尿化驗。

在廁所內等尿時，你有點緊張跟尷尬，我想找點話題讓你輕鬆些。

我故意問：「什麼是中段尿啊？」

「去頭去尾啦！」

你搞笑的回答惹得我哈哈笑，笑完了，我們又你看我我看你的。在醫院廁所裡要打發時間還真不容易，何況我們還有任務在身。

你坐在馬桶上，我拿著尿杯蹲著，廁所的燈光昏暗，有種憂鬱的感覺。

我說：「這時候你會叫助理補個光嗎？」

你一聽，做個憋嘴的表情，我們倆又在廁所裡笑個不停。

終於，你呼口氣，準備就緒；我也是，拿著尿杯，直盯著，深怕你一尿我來不及接。我發現你的坐姿太含蓄，雙腳扒不開，原來是長褲卡住了，我急忙將長褲往下拉，然後拿尿杯等著，當你說：

「要尿了！」

我趕緊把尿杯拿更近一點，你一尿我一急，急忙喊：

「尿慢一點啦！先停一下！我要中段的！」

你真的停住了。好，再尿就是中段的了，我拿穩尿杯說：

「我準備好了，尿吧！」

你囁嚅說：「沒了。」

我們灰頭土臉的回診間，一滴尿也沒接到，我在心裡嘀咕，前段尿才幾CC，怎麼會沒了？護士安慰我們沒關係，要你先去喝點水，緩一下情緒，別緊張，有尿意再去取，交回化驗櫃台就好。

取尿過程前後花了兩個多小時，總算順利完成。在回家路上，我們心情都不錯，不知為什麼，我很喜歡跟你在醫院的互動，是安心吧。醫院是你生死走一回的地方，大概是這個緣故，讓從小怕上醫院的我，再也不怕醫院了。

這陣子發現你有時在床上會用手枕著頭，這是你以前的習慣，有心事放不開時就是這個樣子。車禍後就沒看到你擺過這個姿勢了，如今又見，我看在眼裡，也不知是否該做些什麼或說什麼。後來有幾次，你雖醒來卻依舊閉眼躺著，用手枕著頭，表情悶悶的。我問你在想什麼?你總回答「沒有」，或說「不知道」。聽你這麼說我沒有再多問。自己對自己覺得陌生的感受，一定很難受、無助。

我多麼希望可以代替你承受失憶之苦，多麼希望能幫助你，讓你找回自己。但是我清楚明白，我無能為力，能用的醫療與各式療法我們都試過了。腦傷不像一般傷病有大致的痊癒時間表，影響腦傷復原的變數太多了，每個人會因傷勢、年紀、教育背景、個性的不同而有不同的結果。這種狀況對家屬而言，處處是轉機，也處處是逆境。

我決定不去想，用手翻開你的眼皮。

「你醒了沒？」

「還沒，我還想睡。」你側身不理我，手依舊枕在頭下。

當時是下午三點，我不想讓你在床上度過。

「我、想、去、散、步。」我慢慢說。

「我不想去散步！」你板著臉咬牙說。

又來了，這個咬牙的行爲，你一直無法克制，已經咬裂三顆牙了，一直換牙套也不是辦法。

「喂！我生氣了！」

靜默一下，你說：「妳不要生氣啦！」但眼睛依舊閉著。

「那你起來陪我去散步！」我堅持。

於是你起身站在床邊，摸頭看著我。

「抱我走到客廳，要像王子抱公主那樣。」我試圖讓氣氛輕鬆點。

你面有難色，但仍作勢要抱我，在抱的過程我被你的表情逗笑了。輕鬆的氣氛讓你苦笑求饒：「我抱不起來……」

換了人工肩關節的你，右手已不像以前可以隨心所欲，我把湧出的辛酸情緒壓下，決定不多想，也不再作弄你，轉身準備外出的東西。

我們一如往常走向河堤步道，你看來心情不錯。這時突然下起毛毛細雨，我提議去便利商店繳個帳單，再看看雨勢如何，如果雨下大了，我們就在超商喝咖啡、看雨景。我們往便利商店方向走，進超商時一對母女走出來，小女孩約三歲左右，只見她一出超商門口便用雙手摀住眼睛，模樣之可愛讓我不禁笑了，也不解：

「好可愛！下雨應該遮頭，這小女生摀住眼睛怎麼看路？」

「因爲臉上眼皮皮膚最敏感，所以她才遮住眼睛啊！」你說。

「老爸，你眞的好聰明！觀察力眞強！我都沒想到。」

你笑笑，用力握了一下我的手，這是我們多年的習慣，用手傳達訊息。

沒多久雨停了，我們還是去了河堤，我照舊放歌給你聽，那首你在受傷後學會的歌《愛情路》，邊聽著歌邊散步，我的思緒還在超商門口。你的短期記憶雖然無法運作，但原有的智慧與觀察力依舊存在，且隨著日子逐漸甦醒。雖然有些能力喪失了，但是健康的細胞會發揮本能，產生代償作用，你或許可以重塑一個全新的自己，這個自己一定有功課得做。

傷後的你，個性完全不一樣，慈眉善目取代了以前的嚴肅拘謹；感性率眞取代了以前的咄咄逼人；活在當下取代了以前的壓力蓋頂。這樣的你，有得有失，對我而言或許不堪，因爲如天一般的丈夫消失了，但是我仍然抱著希望，因爲我知道人體細胞有無限潛力。在生活中我可以一點一滴察覺到，你一直在進步，我相信你會慢慢找到自己，但不會是以前的自己，而我正在調適準備接受。將來無論如何改變，你都是我的老爸，要牽手走一輩子的男人。

我們有難同當

電視正在播放有關共照及安寧療護的節目，我坐在你旁邊，拿出自車禍住院開始，我便替你記錄的生活照片，一邊整理、一邊陪你聊幾句。你有時看電視、有時轉頭看我，也沒異樣，突然間你大罵：

「壞人！」你指著車禍後，我替你在某餐廳用餐時拍的一張照片大罵。

「你幹嘛？嚇到我了……」

「我覺得我太不爭氣了！」咬牙切齒的你，臉部青筋都暴出來了。

我關上電視，闔上相簿，問你怎麼了。你欲言又止，變得焦急，我就此打住，不再問。我改變話題，再跟你說一遍這個意外帶給我們、還有這個家的衝擊，我說我很驕傲我們一家四口沒有被擊垮；我說以前只要沒通告，我們就會找間餐廳坐上半天，先用午餐，然後聊天到時間到了，再續點下午茶，繼續聊到晚餐時刻。你靜靜聽著，

沒說什麼。跟你在餐廳互動的時光，我在內心存放了一塊儲存幸福回憶的角落，一點一滴的過往，化爲能量存放著。當心裡難受時，我就告訴自己：「你照顧我這麼多年了，現在換我照顧你幾年算什麼？」每當這樣想，我看待車禍這件意外，便會有不一樣的想法，我喜歡這種感覺。以前你總是有苦自己一肩擔，從不讓我擔心家裡的一切，如今你心有餘而力不足，身爲妻子的我，跟你並肩而行一起迎戰，是一種有難同當的幸福。

至於你爲什會突然對著自己的照片大罵，已不重要了。總之，情緒過了，轉移話題或離開現場，過了就罷。

你以前工作日夜不正常，又耗體力腦力，你看一些燈光師前輩一邊接通告一邊吃藥，心裡感觸很深。你說你不要拚命賺錢後，老了再來花大把鈔票上醫院拿藥治病。

你是個臨場反應極快的人，工作上遇到阻礙而影響進度時，都盡可能在短時間內把阻礙降到最低，好讓工作可以持續進行，這一點是在你受傷後，圈內的夥伴告訴我的。在圈內，你是大家口中的師傅，而你從未因此沾沾自喜。你說是大家看得起，讓你在工作中能有所表現，你只是盡力去做好導演及攝影師要求的。可是這樣的工作型態，要有健康的身體，真的很難。

我曾說你是用生命在賺錢，你不愛聽，常常聽了不發一語。你知道如果健康出了狀況，什麼事都將停擺。你說你不怕死，但怕老，怕老了沒人照顧。我的體質自小不好，家人對我的要求只有身體健康，所以自小什麼事都不用做，婚後則由你接手照顧。我是個任何事都要你承擔的生活白痴，但是人的韌性跟潛力，遇到逆境，總會被激發出來。我這麼一個大家眼中的體弱多病者，竟然也走過這段日子，我自己也驚訝，是愛？是責任？還是不認輸的個性使然？

千金難買健康，有再多的財富也比不上有雙可以自由行走的雙腳，沒有健康的身體、穩健的腳力，如何踏遍美麗的地方？

你的微笑

你側身面向我熟睡著，放鬆的臉龐，讓我忍不住像以前哄兒子入睡般，輕輕摸著你的頭，把手落在你開刀的地方，在心裡默默感謝，謝謝你依舊容忍沒有耐心、容易情緒起伏的我。受傷前的你，總對我的脾氣沒輒，受傷後依舊如此。當我情緒低落的時候，你會識相的安靜坐在一旁，我可以感覺得出來，你正在注意我的一舉一動，就跟以前一樣；當我氣消了，你一定微笑迎接。此刻看著你，我滿心愧疚，你還在養傷找尋記憶，我卻霸道的要你跟以前一樣包容我、明白我心裡在想什麼。就算你喪失了記憶，但依舊記得我，不是嗎？而我，卻常忘了要惜福感恩，收斂對你的霸道。

現在，我若離開你的視線，你會變得緊張、沒有安全感，眼神總是跟著我。好幾次我有事煩心，躲進房間想一個人靜一靜，你便默默走到沙發坐下，不敢進房。當我靜下心後，總是懊悔自己怎麼可以如此對待你，我很氣這樣的自己。我會深呼吸幾

次，然後走出房間，你總是馬上給我一個笑容，讓出一個位置讓我坐下。

無論我什麼時候走向你，你都等在那，給我一個笑容。我終於明白，現在你對我，除了依賴還是依賴；現在的你，不再是以前那個獨當一面的超人丈夫了。但是你對我的感情，沒變。

常常夜晚在準備上床時，可以感覺到你還沒有完全入睡，但只要我一在身邊躺下，沒多久，便能聽到你微微打鼾的呼吸聲。以前的我，只要一聽到你躡手躡腳進房的聲響，總會含糊說：「你收工囉？」隨即安心沉入夢鄉。原來我們兩個都一樣。

醫師曾提過，臨床上有些腦傷患者會動手打人，每每想到這點，我的負面想法都會消逝無蹤，取而代之的是：對不起、請原諒我、謝謝你、我愛你。

愛是最好的療癒

我常在早晨醒來、夜晚睡前給你祝福，大部分放在心底，偶爾會說出口讓你知道：「你要加油，我會陪在你身邊。」如果我說出口，你會淡淡一笑回我：「謝謝，我愛妳。」

「老爸，如果有下輩子，你還會不會娶我？」

「……我考慮一下」，有時你會說：「好，我會娶妳。」

「老爸，我覺得你以前好辛苦！拍片那麼累，你怎麼受得了？」

「我喜歡工作的感覺，那是一種成就感。」

「你知道我一直很崇拜你嗎？可是你以前好大男人，我不喜歡你那樣。」

「我現在不會了，那妳還愛我嗎？」

「會啊，我很謝謝我們是初戀，我喜歡你。」

「謝謝。」

我很喜歡你說謝謝時的口吻跟音調，很好聽。

如果我心裡有事不想說話，就絕不勉強自己，因爲我不想把這樣的祝福當作例行公事，我要每一刻都是眞心誠意的做這件事。有時夜已深，我卻睡不著，這時我會輕輕靠向你，你總是很自然的將我擁入胸膛，輕撫我的手臂說：「我愛妳。」這個舉動是你多年來的習慣，沒有因車禍失憶而遺忘這樣一句自然如呼吸般的話，對我而言，是我對你不放棄的堅持、也是你會跟我攜手到老的承諾。

一切歸零的你，正一步步拾回屬於自己的能力。愛是一切傷痛疾病的療癒力，愛的力量也讓我學會堅強、變得成熟、智慧成長。千萬不要輕忽愛的力量，它是創造奇蹟的原動力！

我們對外都是很獨立的，但私底下對彼此很依賴，只是兩人都倔強。

一場車禍，像把利刃，狠狠刺進我原本平靜的家庭。從車禍發生的那天起，沒有時間思考，我成了一位照顧者。在這之前，我是個不懂料理、沒有方向感、一切以丈夫爲天的妻子；車禍意外後，我跌跌撞撞緊咬牙根，當起了丈夫在這世界上的天。

當角色易位，再苦再累，我沒有想過要放手，因爲你辛苦爲家努力付出這麼多年，如今換我照顧你幾年、甚至一輩子，好像也挺自然的。這兩年來我漸漸相信前世今生，深信你跟隨我，一世又一世的保護我。前半生勤奮努力，給我最好的生活跟照顧，如今，我要感謝上天，讓我有機會在後半生表現，讓你知道我沒有想像中那麼脆弱，也沒有如你擔心「笨笨的什麼都不會」。接下來的人生，至少可以跟你相依爲命，一起走下去，用我們約定好的方式生活。

一場車禍讓我明白，愛的眞義是什麼。天註定，因緣相隨。

天下事無法事事圓滿、讓所有人都滿意，多年來我一直想不透這點，所以一直被傳統制式的角色綑綁住，苦了自己也讓你跟著爲難受苦。只要不提這段讓我們都痛苦的回憶，回憶總會逐漸淡去，這些不爲人知的苦，你總算可以完全遺忘掉。

相視而笑的暗號

每個照顧者家庭背後，都有說不盡、道不完的故事，通常是挫敗無助多，喜悅愉快的少。我也不例外，所承受的壓力跟痛苦，不在於照顧病人，而是自己內心的東西，就像沒有整理分類的垃圾，一再堆積任它髒亂發臭。隨著時間流逝，我成長不少，生活中小小的愉悅，就能沖淡很多悲傷，雖然改變不了現況，但是我的心態因爲轉念而變得輕鬆。要面對的一切，即便心煩，它還是存在著，又何苦爲難自己被這些事情綑綁？

在措手不及之下，你成爲一個遙遠又陌生的人，所有原本屬於我們的一切，全部劃上句點。我們不可能再回到以前，我跟兒子們在淚水及崩潰的情緒中，一一調適、站穩，然後在面對沒有其他選擇的情況下，我們開始學習把過去放在心底；爲了將來，一起往前走。唯有如此，家才有辦法注入能量與希望。一路走來，我們還在架構另一個家，一個不知是否能安然度過考驗的新家。但我們深信，家會更堅固、更溫暖，我們一家四口，互相深愛、彼此關心，一個都沒有少！

車禍後的生活，最珍貴的改變，就是我們發展出一個自然的溝通方式，當我們四目相交時，我們會相視一笑。這個動作很短暫，無論在什麼場合、什麼時候，在我們之間傳遞著。

我們常搭捷運或公車、火車四處走走，一方面訓練老爸的肌耐力，一方面讓你多些外界刺激、多接近大自然，讓腦部保持活動狀態。搭車時看著窗外風景一陣子後，你會很自然的轉向我，對我一笑；我會捏捏你的手，然後你會轉頭繼續看窗外。

辛酸也甜蜜的心靈溝通，無須言語。

或許現在的我，對你而言是個避風港，只要緊牽著我，你就是安全的。我們兩人的角色已對調，現在我是你的天，換我保護你。

一塊塊拼湊回你

我打算帶你做一件事，如果成功了，就又是一個突破。我沒有告訴家人，偷偷帶你去游泳池，冒著可能重心不穩跌倒的危險，我把你帶下水。剛開始你會害怕，一直要上岸，抓著我，不肯再往水裡走。

「以前你不是最喜歡水的嗎？澎湖的海你還記得嗎？你試試，很好玩的！」我沒有停手的打算。

「以前你教兒子還有我游泳的，對吧？」我劈哩啪啦繼續說，轉移你的注意力。我相信你一定還記得喜歡親近水，我邊哄邊帶著你往泳池裡走。

我們在淺水處來回走，然後不動聲色帶你慢慢往及胸的池裡去，你沒有察覺，沒多久，你雙手自然趴在浮板上，雙腳踢著踢著，蛙式出來了。你慢慢向前游，我的手輕輕碰著你，以防萬一，雖然游幾下就累了，但我已經很滿足。你的右手不能做大動作，但是至少克服了恐懼不安，蛙式的游姿出來了，你做到了！

這個突破是生活中的小確幸，你沒有退縮，勇敢去嘗試，你需要的鼓勵跟陪伴，我會盡量給，只要你有勇氣去探索，重新學習，都值得喝采。你每往前一步，就拾回一段記憶，我要激發你學習的本能，不處處替你代勞。我要像以前你帶我嘗試新事物那樣，一步步不厭其煩的反過來教你。

從小我就怕水，你好幾次教我游泳，我總是無法克服恐懼。後來你放棄了，但還是會帶著我親近水。每年去澎湖，當孩子在海中玩得不亦樂乎時，我只願坐在沙灘上看著，不願意下水。即使你半牽半扶，我也只敢讓海水浸在膝蓋以下的地方。有一年，你上網買了一個充氣船，推著船帶我在海中漂啊漂，我很樂，開始覺得海水很好玩，卸下心防，願意讓海水弄濕雙手雙腳。你見機不可失，要我下水，我不肯離開充氣船，你不斷保證會顧著我；海浪來了，會抱高我，絕不讓我吃到海水。

你一手扶著充氣船，一手向我伸來，要我把手給你，我猛搖頭，不肯就是不肯。兒子們游過來，跟著一起遊說我下水。最後，兒子一人一邊輕壓充氣船兩邊，讓我可以前傾，你握緊我的手，扶我滑下充氣船。當我離開了充氣船的保護，嚇得哇哇大叫，雙手緊抱你的脖子、雙腳夾住你的腰，你被我勒得重心不穩，一直要我放輕鬆。兩個兒子也在一旁要我別緊張、身體放軟，跟著海浪漂就好，你們三個把我團團圍住，我踩到海水下的沙灘，才安靜下來。你的手一直沒放開，臉上的笑容依舊，看著你笑，我不怕了。你眞的沒有放開我的手！兒子們又溜去玩他們的衝浪遊戲，你從背後抱住我，原地自轉，要我把腳放輕鬆，腳就會浮起來，教我用腳打水濺出水花，我像風車在海中轉圈圈，這遊戲逗得我哈哈大笑。接著你撐住我的後腰，讓我仰躺在海面上，看著藍天白雲。

我在二〇一五年看小齊（任賢齊）導演的電影《落跑吧愛情》時，又回憶起這一幕幕情景，眼淚奪眶而出，在戲院哭到無法自已。這段回憶，你不記得了，我知道你掉了這塊記憶。每回再看一次電影DVD，我就哭一遍，我很想念澎湖的回憶，我要好好記住它，替你好好記住這段幸福的家庭回憶。

當初，是你一步步教我親近水的，如今換我讓你拾回你喜愛的水上活動。**這一來一往彷彿天註定，註定讓我用你曾給我的愛，再將愛回到你身上。**

好快，一年又過了，趁著兒子們學校開學前，我們恢復了以前的習慣，一家四口去澎湖家庭旅遊。

「欸，妳頭髮剪短了？」

面對店家老闆娘的問話，我一愣，腦中開始搜尋這位澎湖馬公名產店的老闆娘，我認識嗎？怎麼她會知道我在兩個月前把留了多年的長髮剪短？

「我認得妳跟妳老公，去年你們來店裡買東西，你們兩個很特別，我對妳老公印象很深，還有妳！

「我記得妳說妳老公車禍，帶他來澎湖看他會不會記起什麼？妳老公有沒有好一點？

「他進步好多喔！去年都不講話，眼神只看著前面，現在看起來好很多，精神好好！妳辛苦了！」

老闆娘一連串的話，讓我驚訝又感動。去年七月，我們去澎湖找回憶，曾在這家店買名產時聊了一下。過了一整年，每天接觸眾多觀光客的老闆娘，竟然還記得我們，並且給我們如此溫馨的加油跟鼓勵！

持續多年的家庭旅遊，因車禍而中斷，如今舊地重遊，對家人而言，意義特別。陪伴養傷的歲月裡，我感受到很多溫暖的人情，許多與我們素昧平生的人，總是在聽了我們的故事後，給我鼓勵，爲我加油。每一句「妳辛苦了」，都是那麼充滿能量。

公車司機，謝謝你們

當你不需要依賴輪椅後，我每天帶你到住家旁的河堤練平衡、學走路，當步伐逐漸平穩後，我們出門便不再搭計程車。我帶著你搭公車轉捷運，跑西醫復健及中醫針灸行程，這是一種生活復健，可以訓練你在車輛行進間，保持身體的平衡感。扶你上公車對我來說，是件心驚膽顫的事，如果車門沒有剛好停在我們面前，我們很可能就是最後上車的。而車輛一開動的加速力道，總讓我擔心害怕，萬一沒扶好而讓你跌倒再傷到右肩，該怎麼辦？怕歸怕，還是決定讓你練習在搖晃的公車上，保持平衡不要跌倒。

一段日子後，我發現公車門都會剛好停在我們面前，然後司機會在我提前刷卡時說：「等一下我開後門，你們從後門下。」

再一段日子後，有些司機會跟我說：「妳先生看起來比較好一點了！」

接著會關心你怎麼了，然後跟我說：「辛苦妳了！」

短短的幾句話，讓我感受到深深的善意跟關懷，溫暖的人情，沖淡我對人性的排斥與不信任。半年後，你步伐越來越穩，他們便不再刻意把車門停在我們面前，不用說出口，我們都明白雙方的意思。

「謝謝你們，謝謝！」

望著駛離的公車，我總會在心中說出我的感謝。

（感謝新北市藍二三、藍三九、七一一及一〇三一公車。）

腦傷者的自信心

每個人的復健進度跟成效，都不一樣。有得快有得慢，除了本身的努力外，還需視腦傷程度及部位的不同而定。大腦的精密超乎我們想像，每個腦傷患者會因受傷程度不一，而有不同的傷後反應。作爲家屬，千萬不要把周遭的例子，套用在家人身上，那只會使家人承受莫大的壓力，也累垮了照顧者自己，打擊信心。

當腦傷患者漸漸開始隱約知道自己不一樣時，也許是三個月後，也許是一年以後，甚至更久，因人而異。你知道自己不一樣時，是在一年多之後。你說不出具體的陳述，但隱隱約約知道自己變得跟以前不一樣。你會脫口說出覺得自己變笨了，也因此，笑容開始變少、退縮、做事沒有自信，嚴重時連吃東西都不敢。整個人肩膀下垂，坐著時雙手不知要放哪，一副不知所措的模樣。無論我怎麼鼓勵你，還是畏畏縮縮。

我觀察你，分辨你在何時會緊張，何時比較放鬆，找機會若無其事跟你閒聊，讓你在無壓力的情況下，用能表達的邏輯及用詞，說出想表達的意思，然後一一釐清，找出你在害怕什麼、擔心什麼。自信，你缺乏的是自信。腦傷後的你，世界對你而言是陌生的，好像外界知道你，而你卻不認識外界。那份不安，讓你失去自信，你怕自己做錯了什麼，所以開始畏縮。我能做的，不是要你勇敢去嘗試，而是陪著你、帶著你，一步步去接觸這個陌生的世界。當你踏出了一小步，我就給你鼓勵，告訴你外界對你或許很陌生，但一點也不危險。

我也想在此鼓勵與我有相同情境的朋友，如果我們的家人，腦傷後遺症伴隨著失憶、認知障礙，那麼我們更應該站穩自己的腳步，給他滿滿的安全感。我們深愛的這位家人，雖有著成熟的軀體，但此時他的心智脆弱得不堪一擊。**我們不需要時時為他做任何事，但請給他重新嘗試的機會；放低標準，用跟他平行的角度看世界，給他力量往前走，帶著他再一點一滴認識這世界，找回屬於他自己的傷後人生。**

第四章

人性的殘酷

異樣眼光

照顧最難熬的不是生活起居，而是傷勢告一段落後的外出活動——旁人的眼光。受傷初期，你手上裹著吊帶、行動不穩，旁人一看便知，待傷勢穩定後，你的外觀、行走幾乎跟正常人一般，除了上下公車需人稍加留意攙扶外，一切如常，沒有深談或觀察，根本看不出你腦傷失憶。

因爲旁人的不了解，我偶會受到他人的異樣眼光。在搭公車、購物、或走路擋到趕時間的路人時，有時會遭到白眼。有一次，我們搭乘一班不常搭的公車，司機皺眉看了你一眼，雖然只有短短一刹那，我卻久久無法釋懷。這種狀況雖不多，但對我卻是需要調適的考驗，旁人不解、疑惑甚至訝異的神情，我不知該如何消化。受傷前的你是那麼自信十足，如今卻是行動需要小心留意，以防跌倒，依你好勝的個性，如果有病識感，知道自己狀況的話，應該承受不住吧。

我很明白是自己放不下，太在意旁人的眼光，所以對旁人看你的神情感到受傷。我自問：「這是我要的心態嗎？」如果不是，那我是不是應該要盡早自我調適，放下身段，找到出口讓自己好過一點。安頓好自己，我才有辦法以正向樂觀的心態，陪著你走過這條漫長的復健之路。我試著告訴自己，旁人不知你的狀況，所以會有多看一眼的反應是正常的；購物時遇到不知情的店員口頭上的不耐，也是正常的，因爲他們不知道你已經忘了大部分人都會的生活常識跟維修技術。大家不知情這些，但我知道，所以我要不就花時間讓旁人了解你的狀況，要不就視而不見、充耳不聞，唯有如此才能減少情緒被干擾。我必須學會放空、不去在意不重要的人事物，因爲現在最重要的，是好好生活在每一個今天，與你一起活在當下。

知易行難，雖然說要自我調適，但並不是每次都能輕鬆看待旁人的異樣眼光。有幾次接觸到非善意的目光，讓我情緒低落得想逃避，減少出門機會。

有一次在捷運車廂內，一位年輕女子看了你一眼，又看看我，扁了嘴角後看向窗外，沒多久又轉頭看了我們緊緊握住的雙手，露出「夠了」的表情。我看在眼裡很不舒服，但也莫可奈何。

「我做我該做的，何苦爲了這些在我生命中，什麼都不是的外人影響心情？」我告訴自己。

轉念後，我的心情平靜些，把注意力放回你身上，不去理會那位女子的反應。我告訴自己，旁人會這樣，就表示你有進步，讓人察覺不出你的手傷跟腦傷。今天這情況，或許是那位女子剛遭遇婚變或情傷、工作不順，或是心裡有過不去的事，我不能怪她的反應，是我自己要坦然面對周遭人的反應跟眼光，更何況這樣的狀況並不多見，我們大部分遇到的都是善意又理解的對待。如果我太在意外人眼光，那在外面對你的態度就會綁手綁腳，這樣的狀況是我樂見的嗎？不是，我不要這樣，我不要爲了這些不重要的事，而忽略對你的照顧。如果因此讓你在外面活動時，有什麼碰撞或閃失，我承受得起嗎？我學著調適，盡量不受外界干擾而左右情緒，就算強迫自己，我也要試著視而不見，不去接收這些負面能量。我花了很長的時間，從難堪到接受、釋懷，漸漸抓到要領跟訣竅。我發現這其實並不難，很多事看似困難重重，放下心中罣礙去面對後，反而沒有想像中難熬。

當我不在意時，異樣眼光對我而言，就不起任何作用了。現在，我更敢放手，只

有在搭捷運要下車時，會留意你的步伐，搭公車時狀況較多，我也才會多注意一下。當你在晃動車廂內的行動越來越穩後，我告訴自己「我們眞棒」，又通過了一項難關。每一個與你共同克服的逆境，一同感受重新尋回能力的那份成就感，讓我對未來更有信心，而且更加堅信自己選擇的這條照顧之路是對的！因爲照顧你的同時，我也在成長智慧、學習獨立、感受生命。

保險公司與社會福利制度的缺失

一夕之間，我成了社會上的「照顧者」，從你在加護病房生死交關的一切醫療決定，到出院後去向的選擇、承受一次又一次危險性開刀的煎熬、術後如何照顧與復健的無知惶恐、對未來的恐慌不安等，事情一件件接踵而來，我沒有時間多想，事情來了只能面對。

半年後，你全部急切性的手術動完刀，我開始處理雜務，申請保險理賠。投保的兩家保險公司，南山人壽保險在我送件後，派員來探視，又要了一些資料後，保險理賠順利完成；另一家保險公司則是以制式又主觀的立場處理，到最後不願如實理賠。

他們派員（三位）探視你，一位人員對你說：

「朱先生您好！」

老爸回答：「你好。」

「祝您早日康復，不打擾您了。」

老爸：「好。」

前後兩句對話，我還來不及問什麼，保險人員便匆匆告辭。保險公司認爲「對話如常」，所以判定你狀況OK。我提供腦傷方面的醫院診斷證明書及病摘被退件，還另外要求一堆我摸不著頭緒的表格與證明，最讓我頭大的是要求附上「巴氏量表」（巴氏量表是對於肢體活動尚可的病人，需要日常照顧的事實，爲申請看護所需，而老爸是腦傷失憶，四肢皆可活動自如）。這一點，醫師也不解爲何保險公司執意要我們提供巴氏量表。

折騰奔波了好幾個月，心想保險公司是不是在刁難我們這些不懂的家屬？還是這眞的是保險理賠必須走的程序？南山人壽保險公司在我們送件後，很順利的在幾週後理賠下來，而另家保險公司卻是每次補件每次退，去電理賠專員的回覆，總是說還在審理。最後還是託圈內朋友的協助，及拜託熟悉保險業務的朋友鼎力幫忙，一一反駁該保險公司的判定及提出更多證明文件，再加上不斷的強烈客訴抗議，事件才得以順利落幕。

所謂順利落幕是指他們願意理賠，但是不願依南山人壽保險公司的理賠成數。朋友問我要不要再爭取？我說算了，我們小老百姓無法跟大公司抗衡，他們有的是人力跟時間，我沒有，我需要專心照顧你。所以我放棄再申訴，理賠多少就接受。

你重創的是腦部，是非常嚴重的瀰漫性腦創傷，該保險公司卻視而不見，一直將我引導到以肢體活動性爲主要理賠項目的方向，導致我們無法順利申請合理的理賠金。這件保險理賠申請，也耗盡我龐大的精力與精神折磨，我無助到失眠。面對你的重傷、孩子的心靈重建、官司的不確定，以及家族長輩的壓力；以前什麼事都不用擔心的我，如今肩上擔了好多責任跟壓力。於是才明白，以前的我是多麼被捧在手心呵護著。

跟這家保險公司接觸幾次後，我深切體會到社會上殘酷無情的一面。自出加護病房轉入普通病房開始，到接下來的幾次住院開刀，爲了讓你有個安靜的空間，都是住必須自費的單人病房；顏面手術、腦部引流器的裝置及相關醫療手術，使用的也是非健保給付的範圍，我不計任何代價只爲給你最好的醫療資源與品質。我努力想盡辦法救活你，結果卻換來保險公司殘酷無情的拖延及刁難。爲我們出面協調保險理賠的朋友，氣憤的對理賠人員說：

「家屬這麼努力的在救家人，你們卻是用這種理賠態度在懲罰這些人的努力嗎？」

後來我們多少隱約察覺出，經辦人員也有壓力，他們知道我們是合理的，但是上頭給他們的壓力，讓他們兩面爲難。這是很糟糕的現象，買保險就是買個萬一，保險公司如果心懷穩賺不賠的心態，那麼當保戶出了意外，保險公司算計的不是依規定辦理理賠，而是懷著能少賠一些就是爲公司爭取營利。

看清這一點後，我倒開始同情起這些基層的保險人員，人在屋簷下，爲五斗米折腰，是一直存在的社會現象。我要嘛就跟他們來硬的，甚至不惜鬧上媒體，但是我選擇退一步。難道我要等到該保險公司認定你的傷勢後，再著手進行手臂及腦部復健嗎？難道我必須爲了爭取到應有的保險理賠，而錯失腦傷復健的黃金期？我禁不起這麼大的風險，所以我選擇放棄再申訴。我想這個社會上，跟我有類似遭遇的家庭一定很多。

雖然最終理賠順利落幕，但我們花了好多時間，用盡方法去證明你的腦傷是真的很嚴重。為什麼我們需要做到這個地步？原來保險公司有醫療鑑定團隊，可以推翻保戶就醫的診斷書、病摘、一切檢驗報告數據，然後用一張發文就退回理賠申請，改採他們認定的理賠。若非我親身經歷，絕不會相信這麼無人性又黑暗的社會現象是眞實存在的。

多虧有熱心及熟悉保險作業的朋友代為出面，極力爭取與周旋。反觀社會上大部分的家庭，他們該怎麼辦？在家庭遭逢重大意外後，保險理賠金很可能就是這個家的救命錢！如果這些家庭沒有管道、沒有人脈能幫忙，叫這些無助的家庭如何度過難關？

除了保險公司對理賠案件的刁難外，我對政府社福政策的聯繫管道，覺得有些地方也是該改進。當家人受傷後，家庭的開支增加、收入中斷，**很多社會福利可以救急，但卻沒有一個通暢的管道，能讓家屬知道如何運用以減輕負擔，度過難關**。關於這部分，眞心希望透過此書的出版，能讓政府重視社福政策的宣導。發生意外的家，如果沒有了經濟、人力上的支援，很多家庭很可能就就此陷入絕境，倒了、垮了！

在寫書時，我依舊不知還有多少社會福利政策可以運用？如何申請？我算是會積極尋求社會資源系統的人了，連我都還一知半解，那在社會上各角落，爲三餐、爲經濟、爲醫療費、生活費及孩子教育費煩惱的諸多家庭，誰來幫助他們？

若不是有國泰醫院汐止分院的社工協助、提供管道，我或許無法如此順利的完成這些惱人的瑣事。這些一線的社工都很有愛心及熱忱，很願意協助我們這些家庭尋求資源，只是苦無管道讓社工們知道我們在哪、需要什麼樣的協助。台灣目前並沒有相關的家屬支援團體，而台灣交通事故中，腦部受傷比例又非常高，這些病人跟家屬們在哪呢？仍在孤軍奮戰中嗎？

誠心希望，我可以盡己微薄之力，鼓勵這些家庭。

爲什麼還沒好？

照顧你一點也不覺得辛苦，雖然會累，但是我心甘情願，所以不苦、沒有怨言。讓我無法招架的是長輩的疑惑：

「怎麼還沒好？」

「那個誰誰誰也是出車禍，幾個月後就好了啊！」

「腦部受傷吃這樣有營養嗎？」

當外傷大致穩定後，指導棋開始湧入，要我試偏方、換醫院找名醫、要不就三不五時告訴我他們去問事求籤，說你什麼時候會好。排山倒海而來的時間表跟口頭照顧，開始讓我喘不過氣來，也影響我的情緒。我一直被質疑，被檢視著。

剛從恩主公醫院出院時，二哥二嫂來家裡探視，我充滿信心的跟他們說我的計畫，告訴他們我要如何幫你復健及陪你養傷，二嫂不留情的醜話說前頭：

「辛苦的還在後頭，妳不要以爲照顧病人這麼簡單，到時候妳就笑不出來了！」

這些話，我只能聽，不能回嘴。

我們的輩分最小，長久以來，任何話語我們只有承受，從不敢回嘴或反駁。以前有你擋著，如今少了你這張擋箭牌，利箭四面八方刺向我，苦不堪言。我的累，是精神上的；在照顧病人的同時，還要承受這樣的質疑。如果將來你好了，是籤詩靈驗？還是我們一家人的努力？

事實證明，這些口頭照顧的預言，全部破功。你沒有如他們所求的籤詩所示「隔年秋天會好」，經過幾次表面無事但事實不然的往來後，我們漸行漸遠，不再有聯繫。雖然難過你受到這種對待，但想想也好，親人不代表就是支持的家人，至少我不用再承受他們帶給我的言語壓力跟質疑，可以專心照顧你，過我們想過的生活。我想這就是無常吧。

有人在你受苦時不離不棄，但也有人選擇明哲保身，免得被我們拖累。這場車禍，讓我看透人生現實的無奈。你要復原到什麼程度才算好？我不設標準，隨緣。只要你跟我自在惜福過日子，管它未來會如何。

生平第一聲「幹」

我從小家教嚴格，「去×媽的」「去死啦」……這類罵人的話，我說不出口。對於兒子的教育，我們相信身教重於一切，所以在我們家聽不到失禮的話。你說男人在外多少會用些女人覺得難聽的用詞交談，這是男人世界的說話方式。你在外工作也會，所以孩子只要知道分寸，就夠了。家裡外的應對話語，孩子也知道如何拿捏，關於這一點，我們做得透徹，兒子們學到了。

大兒子青春期時，你在教育上幫了我很多，你們父子可以像朋友般相處跟溝通。曾有朋友好奇兒子們怎麼願意每年跟我們去澎湖窩上十天八天的？每次你說到這件事，都滿臉驕傲。其實在大兒子小時候，你抱他的次數不超過十次，直到國中時，你才開始經營親子關係。事實證明你並沒有因爲晚起步，而跟兒子們有代溝。你跟兒子們亦師亦友，對兒子們來說，從小崇拜的爸爸終於可以親近、稱兄道弟，分享彼此的

男人話題。我喜歡看你們父子三人在車庫裡弄東弄西，嘰哩呱啦講個不停，那畫面好帥！

你受傷後，兒子們表現得比我冷靜，一切依我的決定走。他們永遠在我身邊等著何時該出手幫忙。看不懂我的決定時，他們也閉口不問，包容我在照顧爸爸上的一切、有理無理的舉動跟決定。或許他們心裡明白，倔強的媽媽跟爸爸之間的一切，沒人能懂，既然如此，就隨我吧。

車禍後，我的主要壓力來自老爸家族的質疑：

「爲什麼是他去接小孩？」

「會不會是擔了妳跟小孩的業障他才傷得這麼重？」

「是不是妳不同意他換車，所以他心情不好？」

在加護病房外、轉入普通病房、到出院回家後，他們一直想找出合理的答案。我照顧你一點都不苦，但這些排山倒海來的質疑，讓我幾乎承受不住。我必須全盤接收，不能回嘴，也不敢跟媽媽說，因爲我已經讓我的家人們夠擔心了。媽媽及姑姑們的淚水讓我心疼，我不能再讓她們掛心。

自恩主公醫院出院半個月後，我直覺你有異樣，說不上來的感覺，就是覺得你有問題。憑直覺我決定自費住進振興醫院，爲了給你安靜的休養空間，所以我一樣讓你住單人房。經過院方再次檢查，發現你腦室腫大，需要開刀裝置腦室引流器，這時候的你除了會無意識的起身，還曾突然直挺挺站立在床上，讓護理師跟我非常擔心。你的右手人工肩關節手術還沒進行，跌不起、摔不得啊！

於是我們想到一個辦法，把病床推靠牆壁，然後在床的另一側用沙發及餐椅擋住病床欄杆的空隙。在那三個禮拜，就讀高中的小兒子下課後就來醫院，晚上睡在沙發上，隔天再直接去學校上課。晚上有兒子幫忙看顧，我才能離開病房，下樓買些日用品，找時間梳洗、去醫院的自助洗衣間洗衣服，利用空檔想想接下來的醫療照顧方向。

車禍後那半個月，你的生命跡象尚未穩定，右臉及右手的粉碎性骨折，醫師特別交代不可胡亂移動，以免傷勢加重。尤其是右手要固定一個姿勢，這些我都照辦。大家來探視時，我都會再三叮嚀醫師的交代，大家也都能了解。

比較爲難的是婆婆，你是她最疼愛的么兒，每次來醫院，她總是心疼的問：「怎麼會這樣？怎麼會這麼嚴重？」然後摸頭、摸臉、再把你右手拿起貼在她的臉頰。我跟兒子在旁邊看得心驚膽顫，幾次看護會提醒婆婆醫師的交代，我也會解釋先別動病人，等臉部人工骨板跟右手臂開完刀再說。婆婆沒說什麼，只是繼續輕撫著包著紗布的傷口，我看在眼裡，可以體會身爲母親有多麼不捨，即使想再說些什麼，也只能忍住。

出院沒多久，婆婆跟我媽媽說，在住院那一個月，我好像很怕她接近。媽媽跟婆婆解釋，那是因爲傷勢還沒有進行手術，是醫師交代不能亂動病人，勸婆婆不要亂想。隔幾天，媽媽對我說，出了這麼大的事，傷在兒身痛在娘心，要我多爲婆婆想想；能閉隻眼就閉隻眼，畢竟家和萬事興，不要再節外生枝了。我明白她的意思，以前有你幫我擋，現在什麼都沒了，我得自己應付人情世故。

某天中午大姑來電，說她跟婆婆、二哥、二嫂下午要來探視。我知道婆婆心中有結放不開，所以想給她一個完整的時間及空間與兒子相處，也緩和一下心裡的氣。我告訴大姑：

「今天物理復健改四點半。下午我想去買東西，到時候麻煩你們顧一下。不要讓他跌倒，記得查看尿布，有事可請護理站幫忙。」

「好，沒問題！」大姑做事謹愼，我安心不少。

我心想，他們能在病房陪伴，又可帶你去復健，婆婆應該會很高興吧！媽媽要我睜一隻眼閉一隻眼，我至少聽話做到了。辦完事後，我選擇搭公車慢慢回醫院，上車沒多久，就收到二哥的留言：

「妳是否要回醫院了？因爲他都不讓我們餵。我們準備要走了，二哥還是認爲他眞的只有妳有辦法搞定，他眞的非常需要妳。」

隨即，二哥又LINE了一則：

「二哥二嫂與人約好晚上還有重要的事，是否可以先走？我交代護理站幫忙注意一下，妳得快回來。」

我心想婆婆及大姑住台北，捷運方便，應該會留在病房照顧，而且再過三站就要到了，所以沒多想。

「你們先走沒關係。我等下就到。」我起身準備拉鈴下車。

「那我們先走了，因爲他還醒著，爲了安全妳得快回來。」

瞥了訊息一眼，心覺不妙，該不會連婆婆及大姑也要走了吧？

我問：

「所以現在病房沒人了？」

「是的。」

看到二哥的回覆，我的心快跳出來。我的腦袋一片空白！公車還在等紅燈，我急死了！發抖的手按下我的憤怒：

「你們會不會太離譜了？我從來沒有讓他離開過我的視線，單獨留他一個人！」

我壓住打電話給大姑的衝動，因爲鐵定會因情緒失控而口齒不清，我決定先跑回病房再說。公車行駛到榮總醫院，一下車我就拚命往振興醫院跑，淚水不爭氣一直掉。我好氣，也恨，更怕你跌下床！如果有個萬一，那該怎麼辦？此時正好是小兒子下課時間，我趕緊聯絡他快趕回病房。

爲什麼？爲什麼等不及我回醫院交接？難道二哥二嫂晚上跟朋友有約，比自己的弟弟重要？難道不能緩一緩，跟朋友說會遲到個十分鐘？

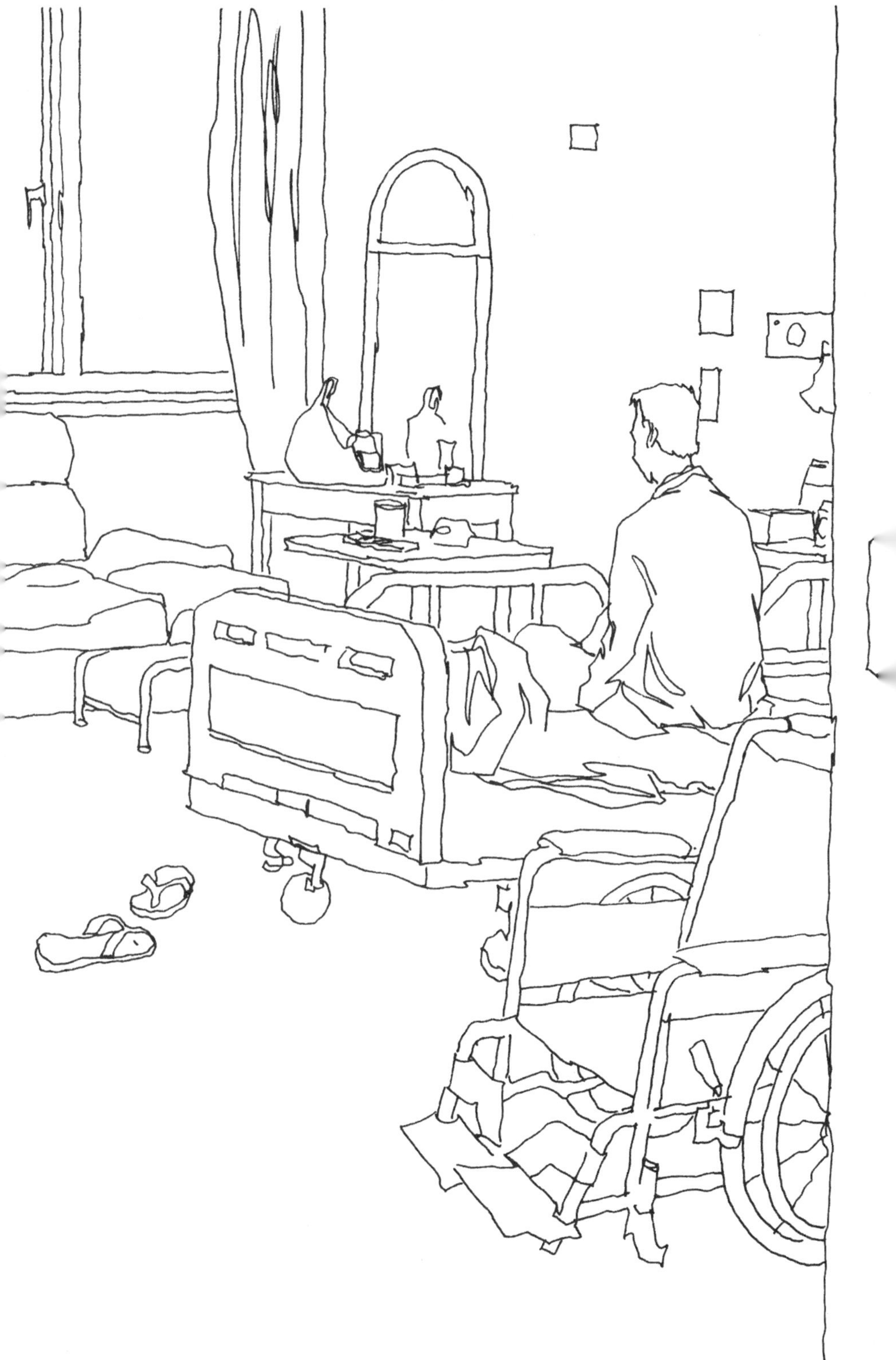

爲什麼？爲什麼住在台北的婆婆跟大姑不肯多留一會兒？現在才五點多，台北有公車、有捷運，交通這麼方便，爲什麼她們能這麼放心把沒有行爲能力的親人，獨自留在沒有其他病友的單人房內，一走了之。

我恨自己想得太天眞了。爲了給婆婆及兄姊們多一點時間，刺激你的腦部記憶，我還自作聰明的搭公車去辦事，天眞的以爲他們會留下來陪伴，然後跟我聊聊過幾天你將進行腦部手術的事情。我以爲他們會安慰我幾句，會問我生活費夠嗎？醫療費用及自費手術費有著落嗎？會問我跟孩子這些日子過得好不好？我根本是笨到搞不清楚人生現實。

我跑回病房時，小兒子已在病房裡，他坐在床邊面對你，低著頭不發一語。二哥及大姑收到我的簡訊後，只有大姑折回病房，正跟小兒子解釋，說是我同意大家離開的。大姑告訴小兒子：「是你媽媽說可以走的，是你媽媽說她要回來了，我們可以走了。」看著病床上的你，眼睛無神盯著天花板，床前的電視機正播放著新聞，我累積已久的情緒終於潰堤。

自從你車禍後，大家只會問我何時會好？沒人開口問我一路來的經濟夠不夠？沒人關心身爲妻子、兒子的我們，心痛不痛？怕不怕？今天，他們竟然開著電視讓無意識的病人獨自在病床上，然後全部走人？

「幹！」我狠狠把背包丟向牆上。

整條病房走廊迴盪著我的憤怒，護理師進來要我們注意病房寧靜。我壓住情緒，走向窗邊，撐住發抖的身子，我眞希望我跟你永遠消失在這個世界上。大姑大概嚇到了，不說一句話就走了。現實，眞的會讓人覺得我們是燙手山芋嗎？

三個月後，腦傷的後遺症開始顯現，我措手不及，日子過得手忙腳亂，再加上婆家的指導棋跟壓力，尤其是他們訂下了「恢復時間表」。我終於倒了，短期間驟瘦十二公斤，被強制就醫住院十天。這十天你由家人帶回照顧，大概是清理失禁的臭味及洗澡、餵食的繁瑣嚇到他們。他們的質疑話語變少了。另一方面，他們也擔心我會無情的把你送回去給他們照顧吧？

錢能救人，也能傷人

龐大的醫藥費及後續手術的治療費用，讓我開始斟酌如何分配支出。搬回台北後，我也無意再回到車禍的發生地生活，所以打算將房子處理掉。但房子在你的名下，所以暫時無法變賣，每月好幾萬元的房貸跟醫療費、營養品、生活費……林林總總加起來不是小數目，我必須先把經濟穩固好，才能無後顧之憂的照顧你。

我把這些事跟婆家說，表明我想把公公留給你、在大陸蘇州置產的公寓變賣掉。這些年房子是無償給公公的妹妹住，所以希望大姑代爲詢問大陸的姑姑是否想購入，還是讓我們委託仲介賣屋。

接下來，我的惡夢開始了。大姑先是說處理大陸的房子很麻煩，因爲要兄弟四人親自去大陸辦理拋棄繼承才可變賣；你現在無法前往，勢必要大兒子去，所以得先在台灣法院申請一大堆證明。而且大陸政策一直在變，這事可能要拖上半年以上，大家一來一往的機票住宿費用也是一筆開銷。大姑說：

「最重要的是蘇州那間公寓也賣不了什麼錢。」

整整半年，我被大姑打太極似的推托變賣房子有諸多障礙。她還特地強調，大陸政策多變又麻煩，且辦理房子繼承後，也要兩年才能賣屋，所以對我們當前的經濟根本沒有及時的幫助。太多太多我聽不懂的流程及手續，讓我身心交瘁。我眞希望他們可以幫幫我，代我詢問、接洽，而不是將問題丟回來，要我自己去跑法院及相關單位。

一位代書朋友看不下去，告訴我：

「就看妳要不要跟婆家撕破臉，大陸是有錢好辦事，我已經問過了，這事台幣十萬元就可以處理好。」

我舉棋不定，因爲他們是你的家人，我是晚輩，不能以下犯上，所以沒有採納朋友的建議。我繼續跟大姑提出幾個處理方案，但都被推翻打了回票，最後我終於搞清楚來龍去脈。

原來那間房子，婆家已經作爲人情送給大陸姑姑了。公公在世時，分給子女的資金，你的那份被兄長挪用，所以才有「大陸那間房子給弟弟」的說法，而大陸房子是在公公的名下，婆婆還在世，由她出面處理便可，哪需要全家子女親自去大陸辦理拋棄繼承。總之，我被耍了半年多。

最後，我不想再跟婆家一來一往的打太極，發了封簡訊告訴大姑：

「房子是在爸爸名下，我不是不懂法律，媽媽是第一順位繼承人，你們爲什麼要這樣騙我們？」

從此之後，婆家與我們斷了線。

我曾過不去、想不透，爲什麼一直說最疼你的婆婆、哥哥、姊姊，會這樣對待你？一間房子，讓我看透世間殘酷。錢這東西，可以救人，也可以傷人，你的命是用錢及完善的醫療救回來的，但錢也傷害了你。這個痛我一直過不去，直到大兒子的一段話才漸漸釋懷。

跟婆家把話說開後，我告訴兒子們：

「我們是晚輩，他們是爸爸的家人，媽不准你們以後看見阿嬤、姑姑、阿伯他們沒禮貌，一樣要叫人。」

大兒子潑我冷水：

「媽妳別傻了，他們不會跟我們聯絡了啦！花了半年演戲，就是要妳知難而退，妳發那通LINE後，他們不會再來吵我們了啦！還有，媽，有個觀念妳要改一下，**家人跟親人是不一樣的**，他們跟爸爸有血緣關係，所以他們是親人，親人只有血緣上的意義，家人是一輩子不會離開、不會放棄妳的！」

被兒子這樣一說，我有點愣住，想說點什麼，但兒子接著說：

「像妳去兒童之家上課，那些小孩無父無母，妳對他們就像媽媽對自己孩子一樣，妳們就像家人，不是嗎？」

兒子說得對，我的思緒飄向以前跟兒童之家的孩子們相處時的情景。

「我會把妳們LINE的對話列印出來，以後如果妳又做白日夢，以爲姑姑他們會幫忙處理大陸的房子，把錢匯給我們的話，妳就把我印出來的對話從頭看一遍吧！」大兒子的當頭棒喝，我記住了。

我摔得好重，但我必須爬起來，重新振作，繼續過日子。家家有本難念的經，我不知道也不想知道，婆家爲什麼要這樣對待我們，我寧可相信他們有難言之隱，這樣想我的日子會好過些。生活中少了他們的干擾、質疑，我也落得清閒，再怎麼樣，至少我們一家四口還在一起。

三年後，我參加一場法律講座，得知配偶並非遺產的唯一第一順位繼承人，但是也罷，因爲房子早已被婆家送給大陸姑姑了。如今我知道這些，只是更正了我的法律常識，其他的往事再去多想，只會徒添心裡的痛。

再一次受傷

兩年後的過年，我很掙扎，想到在闔家團圓的日子，他們會想你嗎？兒子反對說：「妳爲什麼要這樣？如果他們又像以前那樣，妳又要去住院嗎？如果他們要我們回去吃年夜飯，妳要回去嗎？我們沒有搬家，他們知道爸在這裡，一年多來他們有再來嗎？媽，妳到底想幹嘛？」

兒子陪我度過一切風風雨雨，我要考慮他們的感受，所以我壓下跟婆家聯繫的念頭，等過完年再說。過完年，我猶豫了一下，決定先寫封信到婆家，告訴大家兩個月後的週日，我會帶你回去。其實我也擔心吃閉門羹，所以想了一個辦法。我在信中寫明要帶你回去的日期，約在捷運站出口等，如果在時間內他們沒出現，我會帶你回來，也把要注意的照顧事項一一寫出，請他們注意。

我的如意算盤是，如果他們有來捷運站，我就讓你跟他們回家，晚上再去接。爲

了可以讓兄姊齊聚一堂，我還挑了雙週的週日，如此一來，沒有跟婆婆住的二哥跟大姑也有時間回去；提前兩個月前告知，也是讓他們可以排開事情。我的千算萬算，不如不算。

那天早上，只有婆婆一人出現在捷運站，我不放心，跟著一起回去。一到家，客廳空無一人，問大家去哪了，婆婆說大哥大嫂不在，家裡只有姪女在睡覺。我要姪女起床，問她怎麼都沒有人？

姪女一臉無助，不知該怎麼回答我的質問，驚慌的說：

「姑姑昨天有回來，晚上回去了。」

「她不知道小叔叔今天要回來嗎？那她今天會回來嗎？」

姪女手足無措，搖搖頭。

我再問：「大叔叔呢？妳爸爸媽媽呢？」

姪女漲紅著臉，不知如何回答我。我住口了，心顫了一下，不忍心再為難她。我把照顧備忘字條交給她，心想至少婆婆還在家，或許等一下大家就回來了。

但我錯了，一整天沒有人回家，連跟婆婆一起住的大哥大嫂也不見蹤影。晚上姪子跟姪女送你到捷運站跟我會合，一直向我道謝，並給我一個紅包跟水果。我把這些退還給他們，要他們轉告大家：

「我不是來要這個的！」

我爲什麼要做這件事，讓自己再傷一次心？他們以爲我要將你丟回去給他們照顧嗎？每一個人都躲起來了。難怪醫師曾告訴我，很多案例都是半年、一年後，傷者本來由配偶陪同就醫，後來都換成其他家屬或看護。我心情低落了好幾天，兒子倒看得開，說：「這樣很好啊！媽妳以後就不會再胡思亂想了。」

幾天後，我寫了一封信去婆家，把這幾位兄姊罵了一頓。我不管他們有沒有看到，我出了一口悶在心裡的氣。

我不是一個會逆來順受的人，不選擇逃避。而婆家的大嫂只會任勞任怨，她是如何承受的？你車禍以來，她是唯一沒有聲音的人，不斷以實質的舉動，讓我感受到她眞的想爲我們做點什麼。同樣的，姪子、姪女也是如此，只是他們是晚輩，心有餘而力不足。我謝謝他們。

不快樂的婆婆

婆婆一生辛苦操勞，年輕時與公公爲了家計吃了很多苦，常常因爲要工作，讓你一人在家。你說你還沒上小學前，早上一起床，家裡都沒人，你就自己一個人出去跟同伴玩。中午大家都回去吃飯了，你就回家把棉被打開，因爲你媽會準備一個便當放在棉被裡保溫著。你從小學二年級開始，就會去打零工，賺的錢全數交給媽媽，自小就是媽媽引以爲傲的好孩子。高中半工半讀，工作收入也全數交出。

你退伍後便進入片廠工作，自學徒、燈光助理，做到燈光師，工作認眞負責有目共睹。並且愛惜羽毛，以身作則，努力求知學習，在業界得到前輩的愛戴、照顧及晚輩的尊敬，小有成就。你媽總是對外誇讚你從小到大乖巧懂事、又聰明。自你爸過世後，你媽找了間精舍當志工，也做慈濟回收，但我總覺得致力做善事的她，臉上沒有笑容，她是不快樂的。她總覺得自己命苦，從年輕苦到老，好不容易兒子長大了，卻不是以前那個乖巧聽話的孩子。問她哪裡不乖、不聽話?她又說不出具體事例。

你拍片工作繁忙，通告時間不定，很難事先告知婆婆何日幾時回去探望她，只能利用有空檔時回去。不能常回去探視，媽雖然嘴裡不說，其實心裡是介意的。幾次你正巧有空臨時回去，也因爲她去精舍或去回收而撲了空。幾次下來，我建議你，老人家要的是關心，尤其對孩子當中期望最高的；如果沒辦法常回去，至少像我一樣三天兩頭打電話回家，聽她說說話、發發牢騷也好。但是你一直不聽我的，有次被我逼急了，他才說：

「我們家跟妳們家的相處模式不一樣!」

你知道媽對你期望很高，以你爲榮，但每次母子見面，婆婆總是有意無意暗示你，說你工作有成就了，住透天、開進口車，但好像都沒有想到媽媽的辛苦。你猜不透媽媽要什麼。回家好像只會讓她哀怨命苦，感覺自己很不孝，讓你變得很怕回家。而每次拿零用回去給婆婆，她也總說：

「謝謝啊……好像只有跟你拿錢時，你才會回來，眞不好意思。」你說你每次聽她這樣講都很難受，好像自己做了什麼對不起媽媽的事。

如果要帶婆婆到南崁家，你也一定親自去台北接，然後再開車送她回去。有幾次你因爲喬不出時間去接，我便建議婆婆搭客運到南崁，我們在站牌接她，很方便，我媽媽每次都是這樣來家裡，應該行得通。你跟你媽說後，她卻有點生氣：

「你沒空接就算了，不用了！」

你不知道你到底該怎麼做，媽媽才會開心。你每次跟媽說工作忙不能常回去看她，但是她如果想去什麼地方，只要提早說，一定排開通告。但婆婆總說不用了，大哥沒工作在家、姊姊也方便請假，他工作忙就不麻煩他了。

一對互相關心的母子，卻用這種方式相處，你痛苦、你媽也心生怨言，何苦？

媽疼愛你，卻用錯的方式表達，把小兒子對她的關心往外推。在她眼中，或許無人匹配得上你，所以在你出車禍後，一直覺得是你擔了我跟兒子的業障才會傷得這麼重。這讓我跟兒子承受刺心的壓力跟委屈，但身爲晚輩的我們能反駁嗎？

你媽跟我媽說，她覺得你好像不是她的兒子，像是我媽的；說在醫院時只要碰到你，我好像都會不高興。這讓我媽很爲難，不知該怎麼回答，只能勸她別亂想。畢竟把自己想成不被兒子關心的母親，是不會快樂的。

你媽毋庸置疑是個好母親，但不是個好親近的婆婆，她太不快樂了。或許連她自己也不知道，她要的快樂是什麼吧。

第一次出庭

沒想到，第一次出庭是在車禍快滿三年之際，除了首次上法庭的緊張外，還有即將面對不堪回首的傷痛煎熬。既然避不掉，就面對吧。我避開搭客運會經過的南崁交流道，以搭火車的方式到桃園地方法院，面對人生的另一個難關。

在庭上，對方律師先是質疑醫院的鑑定書判定，認爲你不可能傷得這麼重，認爲我們持續就醫的國泰醫院，傷勢判定不夠客觀；對方覺得肇事者的車速不快，是老爸車速太快自摔。又說這三年來他們一直想關心你的傷勢，且積極要和解，是我們避不見面。

我方律師請求審判長讓我說話，我閉眼深吸一口氣後，告訴庭上爲什麼這三年來我都沒有出庭。因爲我必須二十四小時照顧你、帶你遍尋任何可能有機會的治療方式；至於對方所說的積極關心，我告訴審判長：

「今天是我第二次看到肇事者，三年前是我主動發簡訊，他們才來醫院探視。她的爸爸我見過四次、媽媽我只見過兩次，我們雙方的簡訊對話內容，都有存檔並且列印留底，如果庭上需要，我可以提出。」

接著回憶這三來的照顧歷程。

「我先生出車禍在急診時，肇事者沒有過來，急救後送進加護病房了，她爸爸才過來說了一句：我也不知道會撞成這樣。然後就走了。

「先生一轉入普通病房後，我便簡訊通知他們，但只有肇事者的父母來，我要求她爸爸帶她到醫院探視，她母親卻回我：她白天要工作，晚上要上課耶！而且沒有我們帶，她也不知道路。

「我指著我的小兒子對她媽媽說：我先生現在還沒有脫離險境，妳說妳的小孩要上課，不認得路來醫院？她八十三年次的，我兒子比她小三歲，但請妳看看我兒子！他一直守在這裡陪伴他爸爸！十幾天來他沒有去學校上課，每天自己搭客運到台北，然後轉捷運再轉公車來醫院，妳卻告訴我妳的小孩要你們帶路才會來醫院？」

我嘆了一口氣，繼續說：

「隔天，父母帶她來醫院了，我才知道肇事者是女生。我要她走到我先生的病床邊，要她看看我先生，問她有沒有想跟我先生說什麼？她不說話，她的母親一直推她手臂要她說，最後她看了一眼插著管子、包裹著紗布的先生，撇過頭說了一句：那我祝他早日康復。

「冷淡的口吻，讓我兒子聽了雙手握拳準備起身，我告訴兒子：坐下，注意你們的家教。」我想到兩個兒子當時的模樣，鼻頭一酸。

我抬頭看著審判長說：「看到他們這樣的態度，根本毫無誠意，所以我叫他們離開。車禍至今，我見過她的父母四次，是在第三次見到她爸爸時，要求他們帶肇事者來醫院探視我先生的。隔天，她跟她的父母來了，那次才是我第一次看到她，今天是第二次。

「我先生完全不記得發生了什麼，但是我記得。幾個月後，我因爲壓力驟瘦十二公斤被強制就醫，診斷出有憂鬱症，目前還在服藥中。一年後我越來越不敢過馬路、怕車子的引擎聲、煞車聲，我的重大創傷症候群還在，雖然醫師一直幫我，但我還是走不出來……」

我聽見自己的聲音越來越抖，當初在病房裡那一幕，肇事者及她父母冷淡對待的傷痛情緒，又再一次狠狠襲擊著我。停頓幾秒後，我說：

「那天之後，他們沒有再來醫院，所以我便前往警局代夫提告，並全權委任律師處理，讓我可以專心照顧我先生，一直到現在還是繼續著。」

我把這三年來的照顧過程、如何買書自學、如何承受身心煎熬也要撐下去的信念，娓娓道出。說到如何跟兒子撐著老爸，一步一步教你學走路的情景時，我開始克制不了自己，說話的聲音抖到自己都聽不清楚。最後，我停了下來，雙手緊握，不斷搓揉著。

整個法庭安安靜靜，我聽見自己發抖的呼吸聲，我知道審判長、法官、檢察官在等我繼續說下去。我緊咬嘴唇，不讓淚水落下，也不願再回想刺心的過往。舔到嘴唇滲出的血味後，我回過神，抬頭對審判長說：

「我說完了。」

轉身離席時，我竟站不穩。**原來，回憶是這麼令人顫驚**。

開庭持續著，審判長問對方：

「妳還在讀書嗎？」

「沒讀了，也沒工作。」她回答。

「那妳現在在幹嘛？」

「休養。」

審判長不知道是聽不清楚還是疑惑，所以又問了一次：

「妳現在在幹嘛？」

肇事者愣了一下，看看律師，然後對審判長說：

「休養。」

我看了她一眼，想著，她這三年來難道一點悔意或愧歉都沒有嗎？連一聲抱歉或對不起都不願意說？是表達能力不好，把休息待業說成休養？還是她根本不在乎她的一時疏忽，造成一個家庭的傷害？

我方律師繼續陳述，我沒辦法專心聽，低頭看著左手心上的紋路，右手緊緊握住你的左手。直到我方律師對她說：

「朱太太這三年來盡心盡力在照顧先生，受這麼多苦，跟兒子們一起努力照顧朱先生，妳竟然沒讀書也不工作，說是在休養？」

我瞄了一眼被告席，她跟律師頭低低不發一語，沒有低聲交談，也沒有再翻閱桌上的資料。

開庭結束前，審判長跟肇事方說：

「妳回去好好想想自己闖的禍，該賠償的責任自己好好想一下，五月十四日判決宣判。可能會判的刑期，妳自己好好問問律師。」

然後審判長轉頭對我說：

「朱太太妳要撐住，要加油！」

駐警過來關心你，要你小心地上有階梯，律師給我擁抱，讓我在她肩上哭泣。第一次上法院，第一次跟你一起面對我不想面對的殘酷，那一天，我好累。回到家，我無法思考，什麼事都沒辦法做。我想趕快入睡，偏偏睡不著，一直重複回想白天在庭上的情景。我恨我自己！

在庭上時，審判長問我希望的判刑結果，是判輕一點給肇事者機會？還是重一點？或是依法判決？我竟然說：

「她還年輕……就依法判決吧。」

而在問我之前，審判長先問對方希望的判刑結果，她看看律師，律師低聲跟她交耳，然後她說：

「希望能夠判輕一點。」

在庭上一再質疑你的傷勢，主張國泰醫院鑑定書不足以採信、認爲你傷勢一直有在進步，所以主張應屬過失傷害而非過失重傷害罪的她，沒有任何口頭道歉，只是想盡辦法讓自己判輕一點。而我卻說不出：這樣的人，請判重一點！

我眞的很恨自己，恨自己的軟弱。回家後，我以爲在法院哭過就沒事了，沒想到夜深人靜後，壓抑在內心的情緒又開始吞噬著我，整個人像被掏空般虛脫。

我再一次感受人性的黑暗與複雜，我在想自己是不是白癡？是搞不清楚人生百態的笨蛋？我睡不著，心底空虛又無助。我去冰箱找冰淇淋，吃了十盒，直到嘴皮發麻才停止。隔天，我斷絕與外界接觸，讓自己獨處不受干擾。兩週後，自覺好多了，繼續打起精神，陪著你走復健行程。夜晚臨睡前，我試著謝謝自己，在法庭上能夠如此堅強，陳述三年來的心路歷程；也謝謝審判長，給我機會說出這段心路歷程。

面對肇事者推卸責任，我的心很痛，但是我告訴自己不要去想，因爲接下來的日子，還是要堅強的過下去。

第五章

整裝待發

我的大丈夫

根據家族長輩的說法，你從小就勤快、懂事、聽話，不愛讀書，但是非常聰明機靈。凡事一學便會，小學二年級就去打工貼補家用，從小就是家人眼中將來一定有出息的老么。

我與你相識在十六歲，你高二、我高一。你畢業後沒錢升學，當兵回來後，進入片廠工作；從打掃片廠開始做起，沒多久開始接通告，擔任燈光助理。當燈光助理時，當燈景打完了，助理們會退到旁邊休息，等待燈光師的下一個指示，但你從不休息。你會遠遠站在燈光師的後方，站在跟燈光師同樣的角度，因爲這樣就可以知道燈光師在看哪個地方，有任何要補燈或修燈的時候，馬上可以知道燈光師在講什麼。

每個燈光師的打光方式不同，日子一久，你便可分辨每位師傅的習慣；你能在燈光師尚未開口前，就知道是要再開個燈？還是修一下、移個位置就好。

幾年後，片廠老闆鼓勵你升燈光師，聽說這是圈內少數短時間就磨練成師的。但是你意願不高，老闆不解你在顧慮什麼，有幾次聚餐時也會稍微提一下，想知道是否是家庭或其他因素。片廠的生態，不是每個人隨時都有機會升燈光師的，機會一旦放掉，可能要再等好幾年。升燈光師不是全看年資，還需要時機跟一些因素，這些我都不懂。但是老闆開口了，我便試著鼓勵你，你回答：

「我覺得我還不夠純熟，等我覺得可以了再說。」

對於你，我無話可說，因爲你說到做到，做任何事都要有十足把握才出手。你要求完美、負責任，記得剛接燈光師時，你提過最怕拍車子。因爲這方面的經驗少，且拍片用的車子都擦得晶亮，光不好打。我總是告訴你：

「多拍幾次就有經驗了啊！」

但你不這麼認爲，你覺得身爲燈光師，對每支片子的光都要負責，不能用學經驗的態度在工作。

身爲燈光師的你，一直有份使命感，是個對內自我要求高、對外嚴格又盡心提攜助理的師傅。

你說：「我不怕助理問，就怕助理不肯學、不肯問。」

你一直想提升燈光組的素質，從組員開始，要跟你拍片的規矩是不能吃檳榔，因爲這是形象；拍片現場使用無線電聯繫架燈事宜，因爲工作需要的是專心跟效率，沒必要製造噪音喊來喊去。

剛開始你會自掏腰包買無線電給助理使用，大家在拍片現場用無線電通話，效率高又安靜，後來助理都習慣朱師傅的規定，固定要跟你工作的人都會自備無線電。你說，希望圈內以後只要知道這助理是「小朱帶出來的」，就是品質的保證。

你的工作並非一路順遂，當燈光助理沒多久，聽信一位電影轉ＣＦ圈的製片遊說，要合開音響店。跟對方認識沒幾個月，卻要合夥投資。我反對，我哭、我鬧，你還是跟對方在士林開了店。開店初期，進貨資金除了以每月的通告收入支付外，還跟了兩個自助會，都是以你的名義跟的。合夥人的說法是，他剛從電影圈轉ＣＦ圈，沒多少人認識他，所以用你的名義跟會較妥。我翻臉，但你還是一意孤行，然後把兩個自助會款都拿去投資進貨。五個月後的元旦店休，放完假一早去開門，發現店裡音響設備一掃而空，對方跑了！

你的開店夢碎，投入的資金及幫合夥人償還的死會，花了五年才清償完畢，而你手中有一張對方開的二十萬本票，是廢紙也是教訓的鐵証。這是你第一次與人合夥，不僅賠了錢，還背了對方標走的死會會款好多年。加上一屋子的音響設備，算算一百多萬，而那時我剛懷孕四週。

貧賤夫妻百事哀，我們經歷了低潮的新婚階段，我懷孕暈吐嚴重到住院調養，出院後在家休養了四個月。你爲了還債拚命接片，而我在租來的套房裡，暈吐到無力料理三餐，也不願讓娘家知道爲我擔心，就這樣有一餐沒一餐的度過孕吐期。

你想對家庭盡責，卻沒有空閒時間；想對我付出實質的愛，卻無能爲力。那時的你，想盡快給我與即將出生的孩子過上好日子，卻沒想到合夥被騙。接下來的幾年，在我跟孩子需要你的時候，你總是不在。工作成爲你的全部。

大兒子五歲時，有一次半夜高燒不退，我在凌晨兩點叫車帶兒子上林口長庚醫院掛急診，一方面聯絡你，你說會馬上找個燈光師代班，要我先去醫院，你隨後到。

這個「隨後到」，是我已經帶兒子掛完點滴，離開醫院回到家後了。那次的衝突，我開條件讓你選：工作、婚姻二擇一。你選擇放棄工作，停接通告，買了一輛中古餐車及炊具，再花錢跟人學煮麵線，然後開著餐車找地點營業。賣了兩個月的麵線，賣不到本錢。你找我深談，再給彼此一個機會：我試著獨立、你試著扭轉片廠接片生態，讓生活可以跟工作並存。

兒子小時候，我規定功課寫完就可以看六點半的卡通，有幾次遇到你沒通告在家，到了六點半，兒子們高高興興往客廳去，一看你在客廳看電視，兩人就一前一後回房間玩玩具或看繪本。後來被我發現，問兒子爲什麼不跟你講這是媽媽答應他們的？兒子搖搖頭說不敢，因爲爸爸不講話時很兇。

你很愛孩子，只要沒通告，總會帶我們一起去露營、教孩子玩遙控汽車、遙控直升機。在兒子們眼中的爸爸無所不能，什麼都會、都懂，高不可攀，他們非常崇拜你，但是不太敢靠近。

你愛孩子，卻不知如何接近他們。我告訴你要建立親子關係，你聽進去了，也試著以自己的方式跟兒子們相處。雖然日後父子情感不錯，但你仍覺得遺憾，因爲大兒子小學前，你抱他的次數不超過十次。對兒子來說，爸爸是無所不能的巨人，他崇拜爸爸，卻不敢親近爸爸，連撒嬌都不敢。直到我們每年去澎湖家庭旅遊後，情況才開始改善。

你會戒菸，是因爲小兒子的一句話。小學三年級時學校舉辦戒菸宣導，小兒子回家告訴你：

「拔拔，我們老師說抽菸肺會變黑，身體會生病，我們小孩吸二手菸也會得肺癌哦！今天學校給我們看一個電影，那個人的肺部都是黑的耶，抽菸會死掉喔！」

「你們老師亂講，誰說抽菸會死掉？」

沒多久，你戒了抽了二十年的菸，沒有靠藥物、貼片，說不抽就不抽。

會安排每年澎湖遊，是因爲我說大兒子國中了，男生的青春期變化我不懂，所以不知道怎麼面對他的想法跟身體的改變，我需要協助。剛好那一年有一次你去澎湖出外景，夜宿澎湖西嶼鄉的山麗山莊民宿，你喜歡民宿夜晚的寧靜。隔年，就帶我們去度假，這一去，成了我們每年的家庭旅遊。

我在想，是不是上天收回了你的能幹與聰明？如果是，用意何在？祂沒有讓我有緩衝的時間，就這樣突然收回我熟悉的丈夫。是我做錯什麼的現世報？還是我必須償還前世或是再前世的夫妻債？我寧可相信這是上天知道我們的故事，所以用祂的方式強迫你停下腳步，要我們兩個茫盲忙的冤家重新出發，在所剩不長的歲月裡好好聚聚，讓人生有點色彩。

如果沒有這個意外，你一定還在忙碌的拍片，而我呢？繼續過著不知人間煙火的生活，做自己喜歡而長輩不見得認同的工作。

有些事沒有所謂的正確答案，只要能說服自己的就是最佳答案。人來此生，爲的是什麼？人活著眞的只是心臟在跳動嗎？身體使用期限到了，一旦心臟停止跳動，人就消逝了嗎？有什麼是可以持續存在著的？

你是我接觸的第一個異性，初次見面，就有分說不上來的感覺，像是「原來你在這啊」的熟悉感覺，再自然不過。這是我丈夫，以前的。

現在的你，我才剛認識三年，雖然是同一個身軀、同樣的外貌，但我對你還在霧裡看花。你的故事，我試著原汁原味呈現出來，希望我們的故事，可以給跟我有類似遭遇的照顧者家庭一點能量。不要放棄家人。

我們的曾經

就跟一般夫妻一樣，我們各忙各的。你的工作型態沒有週休假日，沒接通告的時間，就是假日。我是生活規律的平凡女人，每天接送小孩、固定時間工作。我們約定好，每週我會安排一天不工作，當作我們的夫妻日，那天如果沒有通告，我們就去約會，隨意走走逛逛或找家可以坐很久的小店聊天。

每晚，我會習慣LINE你拍片進度如何，如果已經在收工了，我就會等你回家，跟你說上幾句話再睡；當你說再一個鏡頭，或是快了，我就會撐著睡意邊看書邊等。你會要我先睡，但我總是不肯聽話，常常等著就睡著。聽到你進房、拿衣服洗澡的聲響，感覺到你輕聲上床把我手上的書拿開，摸摸、叫叫我，通常這時我已經睏到無力回答。你會輕輕摸我的臉、我的頭髮，在額頭一吻後，坐在床上滑手機開信箱，看看接下來的工作行程或器材單。這時我才會安心的道句晚安，翻身入睡。

我的睡眠品質並不好，如果你拍片夜歸或不歸，我就很淺眠易醒。一來是從小沒有安全感，二來是掛心你收工後，還要疲憊開車回家。當我與孩子安穩在被窩裡，你卻還在工作，這樣對比的生活型態，我很難安穩一覺到天亮。

二〇一二年對我來說，是很不喜歡的一年，說不上來爲什麼，就覺得凡事都卡卡的。那一年我的工作如常，忙碌但生活步調平穩，這是我喜歡的。沒有突如其來的變化，一切都在計畫中，每個禮拜也都能安排一天自己獨處的時間。反觀你，卻是工作滿檔到瀕臨我的忍耐限度，我決定跟你攤牌。這樣沒日沒夜的接片我不喜歡，不要這種生活。沒有通告的時間就是睡覺補眠，給家裡的時間越來越少，連我們多年來訂下的夫妻日，也幾乎被通告占滿。

最讓我無法釋懷的是，每次只要預計清晨收工，你就會LINE我，要我不要一早起床，你會帶兒子去搭早上六點十分的校車。不管是凌晨三點還是五點收工到家，你一定在樓下客廳沙發打盹，等送兒子去搭校車後再回家睡覺。常常送兒子搭上校車回到家，你已無力爬上四樓的臥室，直接仰躺在沙發上呼呼大睡。你想讓孩子知道爸爸對他們的關心，另一方面也體諒我，讓我不用早起，但自己呢？收工後已疲憊不堪了，

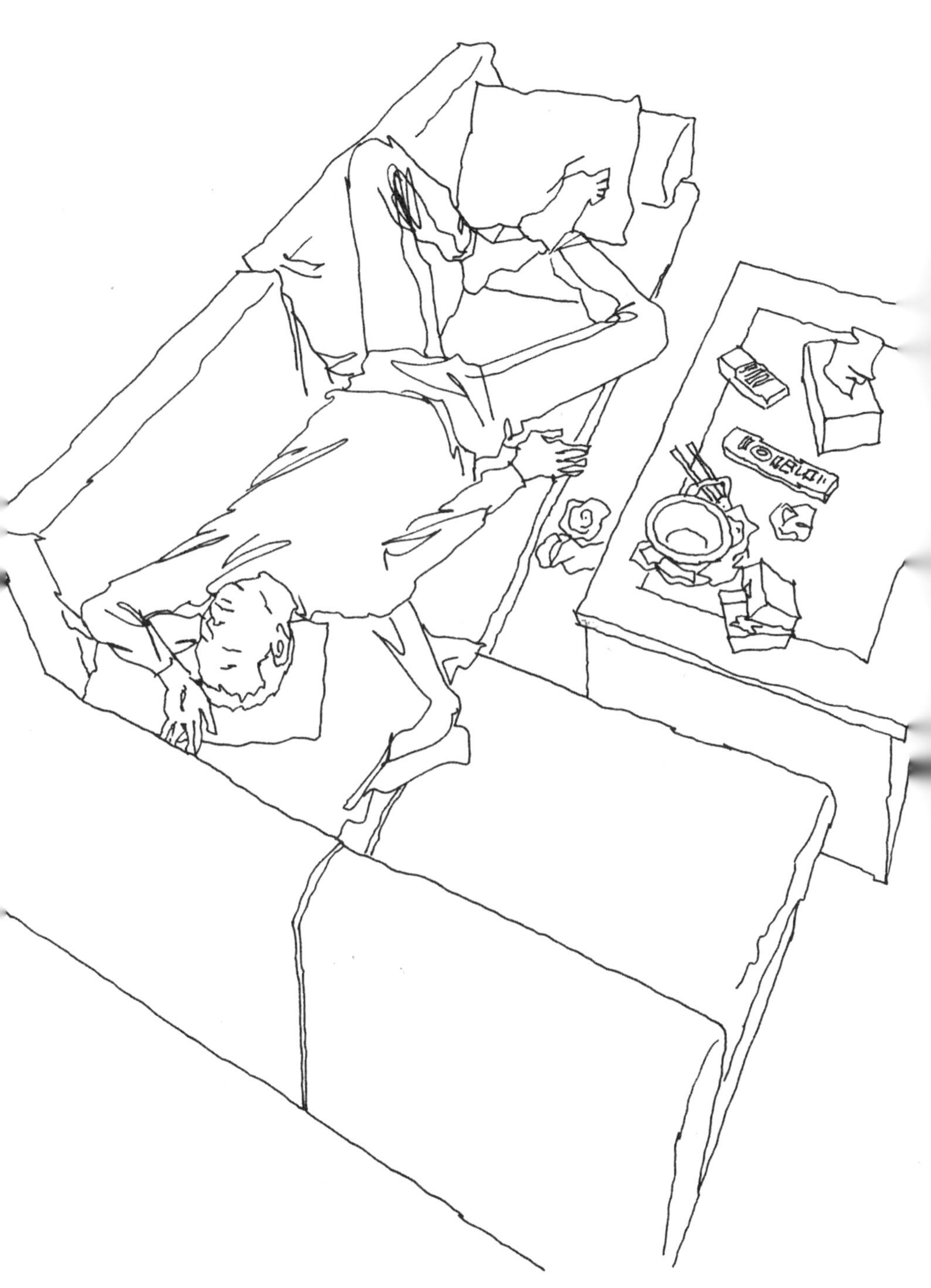

還要爲了當個好爸爸、好丈夫而犧牲睡眠，我覺得這樣根本本末倒置。我受不了、也不要這樣的愛，我決定找你談談。

「以後你每個月只能接三十班，超過了，我就把通告費捐出去。還有，每工作五天就不准接片，要空一天休息，如果你接了，我照樣捐出去。」我故意語氣平淡。

你看了我一下，板著臉不說話。這次的對話很短，卻火藥味十足。

接下來的幾天，不管你怎麼逗我講話、工作時用LINE傳自拍照給我，我都不讀，就是冷戰。從我們認識開始到婚後，你從來沒有對我說過一句重話，每次意見不合，不管是誰的錯，都是你主動開口。你總覺得對我有虧欠，嘴巴不說但我心裡明白。我知道你疼我，所以我也理所當然對你霸道、惹你生氣，從來沒想過要收斂。

雖然我們兩人互相依賴，但每段婚姻，誰不曾卡關？卡在我們中間的結，不是兩個人的感情出問題，而是家族長輩的想法，讓我們從訂婚後便如被蠶絲綑綁般，無法自由呼吸。我曾退縮想放棄，但最終還是無法放掉彼此的手。我們的婚姻路，在外人看來是我無理取鬧，而你是包容承受的一方。

事實上，好像也是如此。我做事全憑感覺，你踏實有責任感，兩人觀念南旋北轍。一有衝突，你還搞不清楚狀況時，我就閉口不說話了。然後把自己關在書本裡，不管你在我面前如何晃來晃去，還是找話題跟我講，全都當做空氣，等到甘願了才肯給你說話的機會。**我們兩人的感情，沒人看得懂，我的霸道連自己也心虛，但就是不願改，我怕我改了，你就不再將心思放在我身上。**

幾天後，我肯聽你說說理由了。

「老婆，不接通告我怎麼跟製片或攝影師說？就說我每月只接三十班？說對不起，現在是第六天，所以我不接，你們去找別人？我可以接三十班就好，可是助理呢？他們要養家，我怎麼跟他們交代？他們跟著我，我不能想到什麼就做什麼。」

我想想也對，但仍不願妥協，臉色還是很難看。

「你每班都拍十幾二十小時，有時候更久！」我越說越大聲：「收工了，睡不到兩小時又要去拍，下一支片子助理可以換人，可是你呢？你是沒睡覺接著繼續拍！你自己以前不是說你不會拚命拍片，然後老了再拿錢買藥吃嗎？你再這樣接片，早晚會中風，到時候你看我理不理你！你就去安養院好了！」

其實，我想表達的是擔心，已經四十好幾了，拍片工作沒有日夜、通告幾點就是上班時間，根本不知道何時可以收工回家。我眞的不願意你拿生命跟健康在賺錢，最害怕的是你收工後開車回家的精神狀態。這二十多年來，只要你拍到十一點後還沒收工，那晚我絕對不可能一覺到天亮。

我在外給人印象獨立自主，只有在你面前才霸道又任性。我很沒有安全感，對你很依賴也任性，就算吵架理虧我還是嘴硬，不肯好好溝通；就喜歡激你，看你慌張搞不清楚狀況的模樣。我知道這是壞習慣，每次都說要改，但沒有一次認眞想改。每次有衝突時，我總是正題沒講幾句，就開始偏離主題東拉西扯，還會翻舊帳，而你永遠是一副「妳怎麼都講不聽」的表情，恨得牙癢癢，卻也莫可奈何。

你對我有夫妻間的情感，也有如父親疼愛女兒般的包容。你也說不上來爲什麼，只說我是你的責任，爲我做任何事，只要我開心，便覺得有意義。你最愛我跟你撒嬌，還有聽你說話時的憨笑模樣。

多年來，只要你去不錯的地方出外景，一定會在下一次沒通告時，帶我去走一走，然後跟我說那天拍片的情形。有時歡樂愉快、皆大歡喜，有時拍得現場工作人員個個火氣都很大。

「那場面不是很難看？以後就不合作了？」我很緊張。

你會敲敲我的頭：「這是工作，大家都希望做好，收工後誰會記得這些？工作時大家目標一致。」

聽你講拍片的事，我常常兜不起來誰是誰，因爲你的工作夥伴我一個也沒見過。你從不讓我去探班，理由是工作場合大家步調都很快，一個外人出現，馬上會引人側目，也會影響工作。你需要專心，我去了，你會分心。

我繼續抬槓：

「我躲在你看不到的邊邊也不行？」

「不行！」

你在工作上自我要求很高，盡可能達到攝影師跟導演的要求。每次片子一上電視，都會特別留意，有時發現出現的畫面不如預期，你會嘀咕「怎麼是這樣的光？感覺不對」。這些我完全一竅不通，電視廣告才十幾二十秒，一晃就過了，有這麼嚴重嗎？

有天夜裡，我問：

「老爸，我什麼都不會，又笨又懶，連買內衣也要你帶我去，如果你比我先走，我怎麼辦？」

「不會，我不會先走，我走了，誰照顧妳？」

沒多久，我發現你上網買了一個仰臥起坐的器材，也買了一輛自行車。一個月後，我的、兩個兒子的自行車，也陸續到貨。從此我家的親子活動，除了露營外，就是騎車。爲了可以在休旅車後裝上四輛自行車，你畫了圖，花了一些時間上網找店家，讓店家依照圖，焊接一組掛在後車廂上的自行車架。你去了監理站變更車體配備，監理站對變更申請百般刁難，但你沒打算知難而退。你打電話告訴我，要我們先晚餐，不要等你，你決定跟監理站耗。

那天晚上回到家你跟我說，最後連監理站主管都出來了，不讓你更改行照內容的原因是「沒有受理過這樣的案件」。你無法接受這個理由，就在監理站等看看哪一位可以說服你，他們提出的反對理由，你一個個推翻。最後監理站快下班了，主管竟然拜託你別爲難他們，他們知道你說得都合於法規，但眞的沒有前例，他們不敢放行，於是你告訴主管：

「我就是那個前例。」

而你拿到了更改後的行照。看你像講故事般輕鬆，我猛搖頭，想像你一人面對監理站人員的那種場面，要是我，早打退堂鼓了。

在外的你，有一股讓人難不倒的氣勢，你謹言愼行、不大聲動怒逼人，我沒有聽你罵過一句粗話、大聲咆哮。但是你的眼神，曾讓狂吠的野狗，尾巴下垂轉身跑掉。這就是我的老爸、天塌了有你頂著的丈夫，我一直認定你是天、是保護者、是超人，根本忘了你也是人，才大我一歲而已。是人就會經歷生老病死與意外，這一點我眞的沒有想過，在我的想法，再怎麼老，你還是比我強壯。你會一直照顧我、保護我。我從沒想過我的人生會有任何改變。

情義相挺

圈內有位導演不止一次告訴我，你對他影響最深的是：從容。剛開始以爲他只是客氣話，之後每次碰面，聊著聊著，林立書導演總讓我感受到他對你的尊敬與關心。立書說他第一次接導演時，就是跟你合作。拍片現場什麼狀況都可能發生，第一次掌控全場的壓力，在求好心切之下幾乎要動怒發飆的那一刻，你拍拍他的肩說：「導演，走，來去外頭抽根菸。」

離開現場的導演，給了大家一個臺階，讓大家有時間去完成導演要求的工作。抽完菸回到現場，氣氛緩和了，拍片進度也順利繼續進行。立書告訴我，你這分急事緩辦的從容，令他印象深刻。

你受傷後，我才認識立書。我望著他，心裡想，他講的是客套話？還是眞的？之後再遇見立書，他又跟我說了一次，誠懇眞心的神情，我很感動。我腦海中想像當時你們兩個男人，肩搭著肩離開攝影棚，身後的工作人員趁機忙著修改導演要求的工作模樣，我笑了。

從容一直是你對事情的處理態度，事緩則圓，是你對我的身教。心裡再急你也從不慌張，在我眼中你一直是個穩如泰山的男人。所以在你倒下後，我還曾天眞的以爲只是皮肉傷，從未想過山也會倒。

回想你在加護病房時，我總是想像你聽得到我說話：「如果你在我身旁，你會希望我怎麼做？」從容是你的智慧，你傳給了工作夥伴，也傳給了我，讓我能夠穩住心情，面對最慌亂的時刻與抉擇。

車禍後從圈內夥伴口中得知你的工作態度與處事原則，我才漸漸知道你的好人緣，跟平常跟我說的完全不一樣。你說你工作時耐性跟脾氣不好，有時還會被工作人員氣得牙癢癢的，但是要達到導演、攝影師及客戶的要求，所以不能有自己的情緒。拍片是算時間的，拖得越久，累的是大家。

有一天，我發文希望大家跟我說一些有關你的事，看著一篇篇的文，我念給你聽，你不發一語，紅了眼眶。我想，這些曾經一起並肩作戰的夥伴們，在你內心一定占有極大的分量。這一塊回憶，你應該沒有遺忘掉，只是沒有說出口讓我知道而已。

對圈內朋友的感激

自恩主公醫院出院後，你第一次探的班是吳念眞導演的班。攝影師振益聯絡我，跟我約好時間，我本來有點猶豫讓坐輪椅的你外出，但是你曾說過，你很欣賞吳導，跟振益之間則有一份革命情感在。我雖然不懂你指的是什麼，但振益是你受傷前我唯一見過面的圈內朋友，所以我答應了。最重要的一點是，出院後的你，每次看到電視廣告中的吳導，會脫口喊：「是吳導！」

你雖然腦創傷嚴重，但長期記憶可能還在，只是不知道記得多久之前的人事物，隱約可以猜測十五年以前的記憶，可能沒有太多的損傷跟錯亂。我希望你可以因爲這次的探班，想起些什麼。那天我們到達大佳河濱公園時，吳導正在拍攝騎自行車的鏡頭，我們坐在遠處靜靜看。當拍攝告一段落，吳導走向你，你馬上喊了一聲：

「導演！」

吳導親切的跟你說話，我不記得內容，有些好像是圈內術語，後來你對吳導說：「要轉班了喔？」事後吳導跟我說，他聽見你這樣跟他說，很感動。其實，我心裡充滿感激，你車禍後，圈內人對我有求必應，無論我提出什麼請託，大家都全力配合，這一點讓我很感動也很感恩。老爸何德何能，能這樣讓大家關心著。

之後，又從幾位夥伴口中得知，你工作時嚴謹認眞，休息時幽默風趣，是個很好相處的朱師傅。每當圈內人講著你的一切，我的腦中就有畫面，你的認眞神情還有開朗的帥氣笑容，在我腦中盤旋著。車禍至今，圈內夥伴的關懷從未間斷，這是你成功的地方。車禍後，我才開始認識你的工作夥伴、進入你的朋友圈，與他們成爲朋友。因爲對你的尊敬，大家愛屋及烏，一路支持著我與孩子們。

圈內朋友的關心隨時待命，一有機會馬上出手，我知道大家的關心，但是我卻百般壓抑，不肯輕言出聲告訴他們「我需要他們」，因爲我怕打擾到大家。每當圈內朋友私訊我，要來探望我們或邀我們外出，總是再三跟我確定時間，一切依我方便爲主。聽大家聊著你在工作時，如何排除萬難達到導演、客戶的要求，說著在拍片時的艱辛及趣事，聽著聽著，我常回不了現實。

大家口中的戰友，曾經是我熟悉的丈夫，如今，上天把你收回去了，給了我一個全然不同的，用意何在？

再多疑問，也無以解答，唯一不變的是，這些珍貴友誼一路相挺，至今依舊持續。

永遠的依靠

每年暑假，你會帶著我們，連車帶狗，從高雄搭乘航程四、五小時的臺華輪到澎湖。沒有行程表，在澎湖享受慢步調又輕鬆的假期，去的期間一年年拉長，從五天增長爲七天、十天，每年住同一間山莊的同一棟小木屋。就像回家一樣，每年都有不一樣的快樂回憶，這樣的家庭旅遊一直到出車禍那年才中斷。

在澎湖，有我們專屬的生活步調，對我而言，比以往出國旅遊更有趣、更輕鬆。難忘這八天、十天的澎湖行，我們全家在一起，是好幸福的依靠，我喜歡這種沒有時間壓力的生活。每天晚上，看你們父子三人討論計畫著明天要怎麼過，而我，可以完全放心讓你帶領我，讓我依靠著，什麼事都不必擔心。你是天，有你保護著，我無需擔心害怕什麼。

車禍後，我被迫獨立堅強面對外在的一切，遇到問題我也不再有人可以訴苦分享，一切想說的話都放入內心角落，跟孩子之間也有了不一樣的改變與距離。有時候我們不太像母子，倒像是朋友或戰友，有時和睦、有時衝突。有一次我與兒子因爲在照顧老爸的看法上起了衝突，我罵了他，然後我躲進廚房哭了。沒多久，我聽見兒子收拾東西的聲音，然後是開門聲，他回宿舍去了。我將自己縮在廚房角落，把頭埋進膝蓋裡，壓抑哭聲。我的自信開始瓦解，無助孤單感吞噬我，哭累了，我就回房倒頭睡覺，暫時逃避現實。

隔天醒來後，我打起精神進廚房爲你準備蔬果汁，你輕聲走到我身後，我停下動作，轉身將頭埋進你胸膛，你很自然的輕輕拍著我的背。這輕柔的動作讓我悲從中來，我開始掉淚，默默數著拍背的節奏，委屈夾雜著相依爲命的安全感，還有這好久不見的依靠。你受傷的右肩膀，依舊那麼溫暖強壯，可以讓我依靠，我心裡有委屈，但我可以很安心，因爲腦傷後的你沒有忘記繼續當我的依靠。你用做得到的範圍讓我知道，你還是我的肩膀。

受傷前後的日子完全不同，少了物質上的華麗，多了精神上的豐沛，命運安排讓我必須面對這一切。我試著找出讓彼此相容又自在的步調，感受每一刻我們正在做的事，活在當下。回想以前的我們，感覺很親，意見不和時卻陌生到可以六親不認，愛恨分明。如今，那種感覺不見了。

我們的步調，很明顯的跟外界格格不入，尤其孩子回來時，年輕人的特質是動，而我們沉溺在如古代的慢，他們好不習慣。但這種狀況持續沒多久，我便找出相應之道。孩子在家時，我們的步調變快，跟他們一起玩、一起瘋，一起做平常我不會做的事；只有我跟你在家時，我們享受全世界只剩我們兩人的時光。你們三人都是我最愛的親人，雖然我現在將大部分的時間放在你身上，但是兒子們知道，爸媽永遠是他們的依靠，他們也永遠是我們的寶貝。

迎戰

車禍後，有將近一年半的時間，我跟你穿著相同的衣服、鞋子，戴同材質的帽子，吃一樣的食材，這不是曬恩愛，是因爲你對外界的一切刺激，無法清楚明白表達，我唯有如此，才可以試著了解你的感受。是冷、是熱？是舒服、還是不適？

那時候的我，沒有自己，只知道要完全投入你的世界，用你的角度、感官活著，用我想得到的知識跟方法來照顧你。我不盜聽塗說，事事要根據、求專業，我全力跟醫師配合，不信來自四面八方搞不清楚來源的靈丹跟偏方，阻礙你的復健治療。

在心靈上，我專注我的信仰，讓祂帶領我心有所歸，接受每一項未知跟考驗。最初的照顧是否得宜，關係著未來的照顧品質跟意願。事緩則圓，我慶幸我如無頭蒼蠅般的驚慌日子沒有持續太久，這條照顧路上我掌有主控權，完全遵照醫療專業的建議，然後憑著你以前教我的處事態度，再帶點直覺，與我們之間那份似有若無的心有

靈犀，一步一步慢慢往前走。雖然我不知道下一步會發生什麼，未來會如何，雖惶恐無助，但身後已無退路，唯有前進別無選擇。

你車禍後，我背上婆家質疑的業障說，雖然身邊的家人、朋友都支持我，要我別在意，但我清楚明白，這個烙印嘴上說放下了，但只要你沒有回到親戚長輩熟悉的樣子，我的傷痛要放下，沒那麼容易。

你四個月後學會走路、六個月後可以控制大小便、七個月後記起自己跟我的名字、一年後學會跟上手扶梯的速度，如今回想這一步步的難關，經歷的時候從沒想過未來會如何，一切彷彿事先說好的，走得理所當然。因爲沒有多想，所以沒有注意到情感上的衝擊，現在才知道，自己有多害怕失去你！

我身邊的家人，一路上尊重我爲你做的任何決定，我知道有時候我的做法不那麼讓人苟同，放了太多感情在裡頭，所以有時是幾近任性一意孤行。但是我的家人從未埋怨過一句，只要我說出口，他們不管認不認同，能幫忙的一定全力以赴，沒有一句潑冷水的話。能有這樣的家人是福分，我感恩在心，謝謝他們對我如此寬容，無怨無悔的支持。你跟我能撐過來，找到新的生活模式面對未來，他們功不可沒。

挑戰不敢

你忘記你會的一切能力，變得什麼都怕，怕狗、怕走獨木橋、怕跨過水溝、怕從約一百公分的高處跳下；什麼事都說不會，不會騎腳踏車、不會游泳、不會切菜……。但是我不相信，在傷勢穩定後，除了右手復健及頭部針灸外，其他時間我帶你踏遍每一處到得了的地方，帶你重新嘗試以前會做的每一件事。我沒有當你是病人，我不再像頭一年半那樣，緊牽著你，我明白我越害怕你跌倒，你便永遠無法去重新體會獨自行走。有人牽著，就永遠不會注意身邊的動靜，我不要、也不願意你一輩子要人牽才敢踏出步伐。

我們試著去爬山；我鼓起勇氣重新騎上機車，載著你，教你抱住我；我們搭公車去九份爬樓梯；去運動中心游泳；一起在河堤騎腳踏車。最大的挑戰是我們去浮潛、玩跳水。這些活動在你受傷後，都是你說不會、不敢的事，但是你都一一突破內心的

恐懼去嘗試。試過之後你才知道，原來你不怕，這些是你曾經會的，甚至拿手的，只是你忘了。除了這些，我們還花了十四天去環島，從恩主公醫院護理站爲起點，走一趟美麗的台灣。

帶著你嘗試所有的「第一次」，每個第一次對我來說都是煎熬，戰戰兢兢。因爲你若跌倒、受傷了，之前的復健可能就得重新來過。如果因此受傷，我必須承擔讓你受傷的後果，但是你一次又一次的成功，加深了我對你的信心。我的每一項決定，都關係著你是否能夠一塊塊拼湊回自己，這當中有狠心、有無情，有遲疑、有不安，我要你嘗試的每一件事，都有風險。說心裡沒有擔憂是不可能的，但是我非做不可！

我在做的每一件事都是身教，我必須以身作則讓孩子知道，遇到人生逆境時的態度是什麼。遇到了，可以驚慌失措、脆弱無助，但不能逃避，唯有面對逆境，家才會繼續存在。

這份使命感，讓我覺得自己的存在是有價值、有意義的，在照顧你的歲月裡，每一件事情的發生，都變得珍貴。無論是快樂的事，或是難以解決的難關，我都告訴自己：**任何事都是發生在最適當的時候**。

人生在世，是來學習的，不會平白無故走這一遭。每個人學習的功課不一樣，學會了，就長智慧，對我而言是如此。

結束了嗎？

我跟你二十四小時綁在一起，就像兩滴顏料相碰，各自保有原本的顏色，但又有部分是與對方糾結在一起。我們融入彼此的喜怒哀樂，如果我心情不好，當晚上床時，你絕不會翻身向我，就算翻身了，也絕對保有空隙。有時忍不住細細打量鼾聲微微響起的你，身體細胞是怎樣的敏感，竟能有這樣的非言語反應？是心電感應？還是該說現在的我們已經分不清彼此了？**像個連體嬰，明明是兩個人，但又無法擁有獨立的自己。**

上個月，我發現你不太一樣，卻說不出哪裡不一樣。就在同時，你的眼屎突然變多，本來以爲是結膜炎感染，問你又說不會不舒服。我仔細觀察，發現你眼皮有一點下垂，跟一年半之前的狀況（眼骨突出）有點像，旁人都認爲是我多心，因爲他們不覺得你有什麼跟以前不一樣，但是我看你就是不一樣，一定有哪裡不對勁。我跟以前一樣，一有疑問就中西醫並進。首先在針灸時跟中醫師提出你的狀況，醫師檢查臉部後，建議我先買人工淚液試試看，也許是眼睛太乾澀所致；另一方面我盤算著，下次回診時去請教復健科韓醫師。

兩個禮拜後，我發現貞的不對勁，你的眼睫毛好像比以前凹進，眼球怪怪的。我利用到醫院復健時，請老師幫我看看，老師也覺得眼皮有些下垂，剛好隔幾天復健科要定期回診，所以就在回診時告訴韓醫師這狀況。韓醫師擔心是否跟去年一樣，骨板突出，建議讓整形外科醫師檢查；若貞是如此，就再動刀取出，不礙事的。有了方向後我隔天馬上掛診，你原本看診的醫師已離職，只好另掛一位新的醫師。韓醫師要我別擔心，有不懂的地方，新醫師會參考以往的病歷及開刀紀錄。

醫師詳細檢查觸診後發現，這次不是骨板突出，而是臉頰的人工骨板撐不住眼球的重量而下陷，導致看起來眼皮下垂腫起。我沒想到是這種狀況，當下快速搜尋該怎麼請教醫師，如今的我已經知道怎麼在短短的看診時間內，抓重點簡單明瞭的提問。但今天這個狀況是我從未想過的，聽來有點嚴重，但卻沒有一個常態經驗能依循。護理師準備請我離開診間，要叫下一位看診者，我望著醫師欲言又止，沒有要離開的打算，我還在思索怎麼跟醫師表達我的擔心。

我思考著該如何提問，醫師看出我的無助跟擔心，他停下敲擊鍵盤的手，要我先別擔心，再進一步說明他的看法，又問了你車禍後的手術項目跟後續治療，然後解釋一些可能會發生的狀況，請我留意觀察。最壞的狀況是，萬一眼睛無法完全閉起，就趕快再回診，院方一定有辦法處理治療，目前稍安勿躁，別自己嚇自己。

出了診間，我一則放心、一則忐忑難安，但既已遇到問題，只能遵循醫師所言，隨時注意。也許你就維持原狀，不會再有變化，這樣就是皆大歡喜的結果。雖然這樣安慰自己，但說不擔心是騙人的，接下來的日子不再如以往自在，情緒起伏多少影響到生活品質。我想讓自己放輕鬆點，但越這麼想越不容易自在，常常一心二用，忘東忘西。有一晚在剪開包裝袋時，將自己的左手食指剪了一刀，當下血流不止，慌張的止血後，傷口的劇痛，像繩索突然勒住我如脫韁野馬般的情緒；心安靜下來，腦袋一空，恢復了一次只做一件事的步調。

事事總有它的發展步驟跟時程，就算乾著急也於事無補，想通了心就開了。你當時的顏面手術非常成功，大家都說看不出你的臉頰動過手術，而當初整形外科醫師也說，他會將骨板稍稍做突出一點，因爲日後一定會有所凹陷，是多是少無法預知。如今骨板撐不住眼球重量，也不是可以預期的，所以就釋懷面對吧！只要沒有危險性就是平安，就算日後有閉眼困難的問題，再來面對即可。將可能會遇到的問題想過一遍後，發現並沒有難以解決的難關，事緩則圓，別自尋煩惱。事情來了，就面對吧！

隔天，發現手指上的傷口，呈現一個開口笑的形狀，像是在告訴我，要以微笑面對眼前逆境。下一個關卡是什麼？沒人知道，不過我相信我可以的，我們已經一起過了這麼多難關，所以，我不怕。

傷後一年的家

你受傷快滿一年時，初春的氣候，讓我常望著天空發呆。前一年的初春時節，我還是個無憂無慮的女人，如今的我，是個穿上鋼鐵盔甲，卻不知道自己的價值在哪裡的人。

在車禍滿一年前夕，我帶著你、兩個兒子，離開台灣，去了車禍前答應跟我去自助旅行的日本。與其說是度假，倒不如說是逃避，逃避這個讓家傷痕累累的日子。如今回想往事，歷歷如昨。

日本回來後，我開始動筆寫作。選在這個時間點開始回顧與記錄，是我準備好面對接下來的人生，也希望能爲你留下這段受傷失憶的日子。就算你經歷過就忘記，記憶只能維持短短的幾秒鐘，但我依舊會陪你，牽著你進行所有的治療，隨時爲你記錄生活中的點點滴滴；記錄你的努力與我的心路歷程。我相信人有自癒的本能，只要你

不放棄，我就會一路陪你復健，陪你一起養傷過日子，爲你記錄每一刻。我是你的妻子，我沒有理由放棄。

傷後一年的家，依舊脆弱、傷痕累累，只是我跟孩子們都沒有說出口。我們都知道彼此的心還在痛，因爲很痛，所以我們不敢碰觸彼此的傷口。我們小心翼翼的保護著家的完整，不讓外界再來碰撞我們。我們知道傷口會淌血，但總有結痂的一天，只要家人在一起，就沒有過不下去的日子。我們一家四口都是硬骨子，不會被打倒的，愛能度過一切難關與逆境。

如果我放棄了，跟你各分兩路，你可能會在安養院終老一生，或者在家度日一輩子，但這樣好嗎？是對的嗎？我憑什麼可以在你拚命時，安穩在你的保護下生活，出事了就離開。如果相愛會受現實環境左右，那我怎麼面對曾經答應過你的承諾？自始至終，我以你爲榮，你沒有放棄自己，在加護病房對我的那一握，我沒有忘記。這樣的傷者，你不是第一人，我相信這個世界上，一定有很多像你這樣的傷者，也一定有像我這樣不認輸的家屬。如果是這樣，放棄不就成了向命運低頭的弱者？

我想對有腦傷患者的家屬說，請一定要相信，我們的每一分努力都不會是白費力氣。我們受的苦難跟煎熬，或許無人能替我們承受，但在這世界上，我們不孤單。我們可以爲彼此祈禱，要相信宇宙中的神奇力量、心念傳達的力量。我正在傳達一份「加油！堅持下去！」的力量給大家。

別讓身邊的家人越離越遠

當我不開口時，大家就擔心，我不喊苦，他們越心疼。告訴長輩們我不覺得苦時，這些老人家紅了眼眶。大家心疼我，卻使不上力，我知道他們猜不透我最欠缺的是什麼，其實有時我自己也不清楚何時需要家人的關心與協助；何時我會誰都不想理，只想一個人安靜一下。如果連我自己都不清楚，大家怎麼知道何時該靠近？何時該遠離？我得學著不去要求家人了解我的心。

大家不是不關心我們，他們只是不知道適當的切入時機。整天愁眉苦臉或一味抱怨、沒預警的發洩情緒，只會將想幫助我的家人越推越遠。我花了一些時間找出跟家人的相處之道，重新排定跟家人之間的距離。我跟家人們的相處模式，因你的車禍重新調整，你不再是以前那個丈夫，我也回不去以前那個我，所以不可能再以從前的想法或模式，跟家人們相處。我必須找到一個方法，讓家人在輕鬆自在的情況下，跟我相處，這樣才不會莫名踩到地雷，承受我一直存在的情緒跟壓力。

讓家人明白我何時需要靠近、何時只想安靜不被打擾，是非常重要的，因爲這影響著我與家人間的關係是否依舊親密，還有關係著這條照顧之路是否能走得長久、有後盾。**身為照顧者一點都不可憐，對我而言它只不過是個身分，肩負著考驗與責任，讓我有機會體會生命的無常**；增長智慧、懂得感恩惜福，領悟人來世上一遭，要過得有意義。

對我們不離不棄的家人們，我感恩，所以更加珍惜；而漸行漸遠，不再聯繫的家人，我當緣分已盡、如夢一場，不去執著苦思，爲什麼他們要這樣對待我們。我總得放自己一馬，未來才會有希望。想破頭去追問爲什麼，對我的家庭一點幫助也沒有，既然如此，不想也罷。

復健，是一段漫長又艱辛的路，照顧者的苦，沒有一位是相同的。各人生活背景、經濟狀況、家人間的互動，都在在影響著照顧者的身心靈狀態，只有照顧者本人，才能深刻感受到人情冷暖，旁人很難去體會我們內心所承受的一切。

隨著時間流逝，身邊的人都必須回到自己的生活軌道，很多感同身受的同理心會淡化，大家回歸到原有的生活圈，但照顧者並非如此。因爲他們得時時刻刻照顧著家人，可能是三年、五年，也可能是十年、二十年，甚至到被照顧者終老。這一點，照顧者要先有心理準備，盡早調適好心態，才不會日子一久，將自己鎖在牛角尖內出不來，進而怨懟家人，並失去自我的價值。

我也有過不去的時候，尤其是面對你的傷勢或腦傷後遺症的變化時，都牽動著情緒與睡眠。車禍後，我除了承受龐大的質疑及復原時間表壓力外，還得面對腦傷後的諸多後遺症。五個月後，當我驟瘦十二公斤了也不自覺，直到多次昏厥送醫急診後，才被院方強制住院治療。汐止國泰醫院的蘇醫師明白告訴我：「妳先生好了，妳就好了，但是妳要先照顧好自己，妳先生才有機會好！」

住院那十天，是我人生最難熬的日子。我想出院回家，但醫師規定我要體重達到五十三公斤才可以出院。爲了趕快出院照顧你，我就算食不下嚥也勉強自己進食。我知道醫師及駐院心理師在觀察我，我努力將碗內的飯菜塞進嘴裡，不聽使喚的淚水混著飯菜，一口一口努力塞。一旁的媽媽陪我掉淚，看著我默默掉淚扒飯，她哭我也哭。我知道一百六十六公分的我，短期間驟瘦到四十八公斤，是不可能有體力與精神照顧你的，但是我明白你最需要的人是我，我必須趕快出院！住院的那段期間，我度日如年，我沒有退路，若我也倒了，家庭就垮了。我還要保護孩子，我不能讓這個家散了。

一場意外，讓我歷經從未有過的遭遇。親人的無情、房客的趁機打劫、保險公司的理賠刁難、官司的拖延不順利，這一切都在車禍後一件件發生，如今回頭看，自己竟能關關難過關關過。如果沒有你圈內朋友的打氣、朋友及家人一路扶持，還有醫療團隊當後盾，我根本熬不過來。外界再多的幫忙與協助，都需要自己能放下身段，敞開心胸去接納這一切的改變。除了溫馨的協助外，還有不堪的現實瑣事，時時啃食著我的身心，這些，若非親身經歷，無法體會箇中冷暖。

我曾封閉自己，不願麻煩他人，怕讓家人擔心而選擇報喜不報憂。這樣的心態，讓我處於高壓力的生活中，作繭自縛。所以我漸漸學習關照自己的心靈，放下固有的認知，用開放的心來接納外來的關心與忠告。我告訴自己，不能將大家的關心解讀成欠人情，因為人與人之間，本就是由情感連繫，無關有沒有親戚血緣關係，我要放得開，世界才會寬闊。

當我心情低落、不想講話時，我就選擇安靜看書。以前我喜歡閱讀兒童教育與輔導的書籍，你車禍後，我轉而對健康、養生、腦部醫學的知識非常渴望。我選擇可以輕鬆閱讀的優質雜誌，當思緒混亂到無法處理事務時，我會讓自己有個空檔可以閱讀，然後放任未完成的家事、瑣事不管，讓自己隨性閱讀、休息、出外旅行，盡可能給自己有脫離現實生活壓力的機會。很多事並不會因爲少做而有什麼重大危害，我試著學會放，放逐自己無目的的走在街上，允許自己找個店家，悠哉享受美食。

在心靈乾枯、能量即將用盡之時，試著對自己好一點，隨自己的意願做任何事，一點都不爲過，這是照顧者不需感到任何愧疚的權利。**照顧者的任何肢體語言與情緒，都會影響著被照顧者**，這一點，我感受到其強大威力。我相信人與人之間的感應是互通的，更何況我們照顧的是自己最親的家人。我療癒自己的方法，或許在旁人眼中不是最好的，但這是我最沒有負擔跟壓力的方式，我覺得好，那就是最好的良藥。

希望這本書，能帶給照顧者家庭一點能量，我們都可能成爲照顧者或被照顧者，我們無從選擇。但是我們可以做好心理建設，如果哪一天我們成爲照顧者，能支持我們的信念就是不要放棄。

我沒有把丈夫定位在「可能會怎樣」的想法，也從沒想過「我沒有能力照顧你」，說我傻也好，罵我笨也罷，我始終相信你活下來，就是一份恩典。緊密的家庭情感會引領我們度過難關，內在的自我也會在無助時展現堅韌，啓發潛在的能量，養足勇氣，去面對所遇到的磨難與挑戰。

我沒有對你訂下可以復原到什麼程度的期望與時間表，我只管一天過一天的陪你，好好生活，就如同你年輕時曾告訴我的一句話：

「我不會不要妳。」

我也是，我不會不要你。

第六章 等你回來

內心深處的願

一年多後，你越清醒，表現得越慌張。我看了心疼，你也難受。我總是提醒你放輕鬆，但你在面對人多或陌生的環境時，還是會不由自主的緊張，一緊張就會說出不合乎情境的話，情緒也變得誇大收不回來。所以去片廠探班幾次後，我對圈內夥伴的邀約，都會再三斟酌，大家發現我的掙扎，也貼心配合我。

該感恩上天，給了我們這樣的功課，讓忙碌的我們放下一切，二十四小時綁在一起，讓彼此更靠近，一切從頭開始。

記不住的，表示它不是挺重要的，所以忘了，又何妨？

我一直相信你活下來，表示仍有人生功課未完成。未來會如何，我眞的不知道。我常求上天慈悲，爲我指引、開啓智慧，讓我能運用智慧來面對一切磨難與挑戰。這人生功課，我們完成了多少？雖然日子逐漸平靜有規律，但要說我完全釋懷、接受，是騙人的。每天看你這樣，心是痛的、慌的、無助的。知道你如同被困在一間暗室裡，外頭的世界對你而言那麼近，卻又如此陌生。別人都知道你，你卻不記得大家的那種不安及恐懼，身爲妻子的我，該如何幫忙？除了陪在你身旁，我還能做什麼？多麼希望能爲你找出開門的鑰匙，讓你有信心的踏出去。

每天對你來說，都是當下；但對我而言，是一層層的無助、甜蜜、沮喪、樂觀……，混亂的情緒與情感交織而成的生活。我知道要撐下去不容易，但這條路非走不可。祈求上蒼憐我，看見你的努力，再給我們一個奇蹟。

很想很想你

有時看著你吃早餐，模樣就跟以前一般，眞要說哪裡不一樣，是你不會像以往那樣，跟我聊著你在外的所見所聞。偶爾你會忘了正在吃早餐，我必須叮嚀你，你會笑一下，然後低頭繼續吃。

有一次我忍不住問：

「你對我這輩子的照顧跟承諾，結束了嗎？」

「還沒有。我確定還沒有。」你低著頭吃早餐，沒有抬頭看我。

這句話，是你對我再一次的承諾嗎？

我很想以前的老爸，想你以前帶我做的每一件事、去過的每一個外景地點；想你對我說的每個理想、教我的每個觀念；想你如何改變我任性習慣的挫敗模樣、想你如何精心爲我準備的每一份驚喜。我喜歡你帶我去買內衣、喜歡你帶我試穿運動品牌服

飾、喜歡你在冬天爲我烤的地瓜、喜歡你在工作到深夜空檔自拍照片逗我笑、喜歡你在收工回家後，躡手躡腳的上床摸摸我的頭髮，我想念以前的你爲我做的一切。想到鑽牛角尖時我會討厭自己、恨自己。

「爲什麼老天爺要讓你受這種苦？」

「爲什麼總是我坐享其成，享受你對我的愛跟照顧？」

「爲什麼出車禍的人不是我？」

「我喜歡看妳笑的樣子」，你總這樣告訴我。

你包容我、隨我去做想做的事、學想學的東西。在我不拿講師費去復興鄉上課的那段日子，你爲我換了性能頂尖的車子，好讓我獨自開車上山時可以多一點保障。你會硬是喬出我要上山、你也沒有通告的日子，然後行駛將近五十公里的北橫公路，再轉入產業道路，載我到特偏鄉的學校服務。等我上完二節課後，再開三小時的車程一同回家。我喜歡這樣爲教育付出一點心意，你雖然擔心我的行車安全，但從來沒有阻止過我，一路默默支持陪著我。

我恨自己當初還嫌你煩，認爲你沒通告應該要休息，幹嘛要帶我上山？我以爲你不相信我的開車技術，硬是要開車送我。原來這些都是你對我的愛，只是沒有說出口，用大男人的架勢表現出來，讓我根本沒有察覺這背後的濃濃關懷。如今我明白了，卻遺憾當初沒有好好跟你說聲謝謝。如今提起，這些往事卻未在你的記憶庫裡存留下來，你忘了這些屬於我倆的美好回憶。

在跟你「複習」以前時，我常說著說著就哭了，然後跟你說謝謝，你總是不解的看著我哭泣。

我們的共同回憶，你到底弄丟了多少？我害怕會不會哪一天，你連我也忘記了？我眞的很想念以前的你，那個可以帶我上山下海，到處探險的丈夫，我好想他！

如果有來生，我希望能再跟你結爲夫妻，我會乖乖不再故意鬧你、惹你生氣，我會聽你的話。你若問我愛不愛你，我會老實告訴你：「我愛你。」不會再像以前一樣故意說：「你又不陪我，我幹嘛愛你！」

我眞的很想念以前的你，你到底知不知道？

如果我回不來了

有一晚，陪你看著受傷前的工作照。一張外景照，你頭披著毛巾，毛巾上掛副太陽眼鏡，一看便知在烈陽下的山林中。你側頭的自拍照，沒有帥氣感，只有苦中作樂的幽默自娛。

我說：「好想念以前這個時候的你。」

你突然低聲說：「老婆，如果我回不來了，妳要原諒我。」

我停了一秒：「我不要……我想以前的你……」我哭了，心裡一陣酸。心裡的孤單無助感，又因爲你的一句話，淚水止不住。

你也哭了，我們就這樣坐在客廳裡，相擁低泣。

你告訴我，你會努力回來，但是如果眞的回不來，你還是愛我的，你要我不要拋棄你。

我聽了心好痛，越哭越大聲，你輕輕拍著我，告訴我無論如何你都會愛我。

「我不要！我不要你已經不是你了，我卻還是我！」我對天大喊。

你記不得過往，卻仍記得我；你記不住昨日，卻記得要給我承諾、繼續愛我。我不要你用過往的記憶愛我，我想知道爲什麼你可以記住我，卻記不住自己？我不要你這樣，我要你健康。哪怕要我做任何事，我都不會有怨言，我只祈求上天聽見我的祈求、看見你的努力，給你一個機會，找回自己。我不求你恢復到以前那樣，你辛苦工作了大半輩子，是該休息了，我願意陪著現在的你。但是，請你記得我們，好嗎？

到底該怎麼做，才可以幫你？誰可以教教我？

安頓你入睡後，我才開始處理其他事情，常常一忙就到凌晨。隨著你對我的依賴感越重，我給自己的時間也越來越少，在這種情況下要靜下來安靜寫書，幾乎不可能。但我還是盡量找出可以讓自己靜心且精神不錯的空檔，寫下我們的故事。

幾次夜裡，我聽見房內有聲音，一進房，見你起身坐在床上。你說你睡不著，我知道現在的你像老小孩，沒有安全感，所以我會放下手邊正在做的事，躺在你腿上跟你聊兩句。你仍無睡意，我就讓你起床吃點東西，然後再回房陪你躺下，讓你碰觸得到我，讓你知道你是安全的。不一會兒，你便又安靜入睡。

當平穩的鼾聲起，我會靜靜在旁回想以前的你。此時的我，是孤單的。你人在我身旁，心卻被困在不知名的黑洞裡。你不知道過去、沒有未來感。每一刻對你而言都是新的，而我是一天天的壓力、無助、孤單，日積月累堆積著。

我發現，我也失憶了。我漸漸忘了以前的自己、昨天的自己、五分鐘前的自己，對於自己，我的感覺越來越淡。

原來我沒有想像中堅強

有天清晨四點半，我被惡夢驚醒。我夢見房間窗戶有異聲，直覺有人要侵入，我想叫卻叫不出聲音，最後用盡全力大喊一聲「小偷！」我被自己的叫聲嚇醒，當下錯覺還活在以前，那個你還沒出車禍的以前。

稍稍清醒後，我隨即被拉回現實。我在現在，不再是以前那個被保護的弱女子了，而是要保護家庭的女戰士。

因爲前一晚天氣涼爽，所以開窗睡覺，開了小縫，但放了警報器在窗邊，也鎖好安全鎖，卻還是做了小偷入侵的惡夢，且那麼眞實。嚇醒後的我，倒了杯水呆坐在客廳，原來，自己根本沒有想像中堅強，我還是以前那個膽小、軟弱、需要安全感的弱女子。

怎麼辦？我可以嗎？我可以撐起這個家嗎？

多夢讓我睡眠品質不佳，混亂的夢境讓我早晨醒來依舊渾沌疲憊。我知道夢是潛意識投射最眞實的自己，我決定面對內心的軟弱，檢視自己到底在怕什麼？擔心什麼？渴望什麼？

醒來後如果還記得夢，我會躺著閉眼回想夢境情節，能記多少算多少。因為在夢裡出現的人事物，很可能正是內心所擔心、害怕、渴望、受傷的情感投射，藉由夢表露出來。透過夢境觀察自己，我才知道要怎麼修正，面對自己所處的環境。我希望能藉由清除內在垃圾的過程，讓自己過得自在些。

如果夢境是跟你有關的，醒來後那種被疼惜、捧在手掌心的幸福感，總是久久不散。有時我側身端詳著你，昏暗中仍可看出你的輪廓，鼻樑至人中是你最滿意的地方，你仍是那個我所熟悉又崇拜的丈夫。以前，我常常在這樣的夜裡，等著你，想像你在燈火通明的拍片現場工作著，我總是會LINE你，問你還有幾個鏡頭？表定幾點收工？要不要等你？

我一直想著你，以前那個老爸。

現在的我，要有自己的獨處時間並不容易，安頓你就寢後我也累了。身心疲累時，我會躺在熄燈的客廳地板上，放一段音樂，讓音律陪伴乾枯的心靈。我什麼都不想，只管把自己交給上天，讓祂帶領我暫離塵世，感受心彷彿在山中林間神遊，尋求片刻的寧靜。一片CD聽完了，通常我能稍稍擺脫孤單感，然後帶著疲憊與睏意，以淨空的心靈狀態上床。我習慣整平你的棉被，重新幫你蓋好被子。我一碰你，你就伸出左手臂，像以前的習慣一般，我一靠近，你就下意識做這個動作。

在黑暗中聽著自己的呼吸聲，我告訴自己、也告訴你：「對不起、請原諒我、謝謝你、我愛你。」

我不知不覺走向一處可以讓我安定身心靈的心境，讓我產生信心與能量，我相信這就是屬於自己的信仰。這個信仰不需要出門跑道場、走靈山、上教堂，也不需要規範自己一天要念多少遍經文、參加幾種法會、教會。對我而言，祂無所不在，只要我願意靜下心來專注呼吸，祂就存在；陪伴我、引導我，讓我面對現實生活的一切困境。

照顧路漫長，短者數年、長者一輩子，照顧者沒有必要賠上自己的人生，只要轉個念重新思考，時常與內在眞實的自己安靜對話。透過靜心，專注在呼吸上，便可以聽到內在的聲音在告訴自己，我需要什麼？討厭什麼？內在的眞實自我是不會說謊的，他會眞實道出戴著面具的我，是個怎樣的人。在沉澱的過程中，感受到自己一次又一次的被洗滌，找到屬於自己的生命藍圖，培養出專屬於自己的處事態度，去看待發生在周遭的一切事。任何事都是在適當的時間點發生的，它有跡可循，只是我沒有察覺罷了。

長期照顧病人會身心俱疲是正常的，何謂人生無常，我領悟到了。所以我接受。這是上天安排的考驗，也是份難得的禮物，我相信自己的直覺，錯不了！這是一份功課，需要夫妻倆合力完成的功課，它不是對立關係，是份難得的因緣。人與人之間，因緣牽引，我相信我好，他才會好。

每個人的一生就像劇本，我們身兼編劇、導演、演員，演什麼要像什麼。想要有怎樣的結局，旁人無從干涉，因爲自己才是這部人生劇本的主導者。我常告訴自己，要相信自己有無限潛力，上天不會絕我的路。祂給了我跟平常人不一樣的功課，我只要欣然接受，懂得生活，記得有需要時向外求援，人生依舊可以如我所願。

前兩天，你突然對我說：

「我喜歡現在的幸福。」

「喪失記憶的那種感覺怎樣？你會怕嗎？」我問。

「怕，但我會接受，妳要相信我，我快回來了！」

我心中滿滿的安全感，我相信當時的你是清醒的，無關記憶是否喪失。

信仰

我沒有受洗、皈依，但是我有信仰。我的信仰一路陪我走這條考驗之路，我能走到現在，是信仰與一位退休的圈內導演給的勇氣。這位導演跟你已十幾年不見，車禍住進加護病房隔幾天，他因緣際會回到台灣，知道了你的事，趕來醫院。不知何故，我竟對他一見如故，我稱他J大哥。他雖然不在台灣，但時時關心我跟你還有孩子的狀況，就像是我的心靈導師，一路相伴。

照顧家人前，需要先照顧好自己的身心，才有辦法面對在照顧路上遇到的一切壓力跟挫敗。當自己的身心能與外在環境和平共處後，照顧自我靈性方面便成了最難、但也最能解救自己的良方。不需要透過制式的念經拜佛、跑靈山求仙姑，我可以隨時隨地跟信仰連線，讓祂牽引我走下去。每一步路有信仰陪伴著，我的心便有一股自然而生的力量，讓我平安度過每個難關。就算生活中出現幾乎壓垮我的任何困難，也能

在有驚無險的情況下，安然平息。最重要的是，我學會獨處與慢慢來。

內心所信仰的慈悲力量，祂可以是神佛、耶穌或者任何一位與我們有緣的神明。人類在宇宙中是那麼渺小與脆弱，信仰無所不在，不是怪力亂神、不是迷信無知，是存在每個人內心的一股力量，會保護每個人度過難關。

每每有過不去的情緒時，我總會在夜晚坐在廚房地上發呆，或是大字形躺在地板上聽音樂，要不就看著窗外漆黑的夜，直到心空了、眼累了，才上床睡覺。一覺醒來，一睜眼，昨晚的難題彷彿有了方向跟答案，新的一天又充滿機會。我盡可能讓自己用新的心情去面對事情，不侷限在舊有思考模式，往往十次有八次都能順利找到解決方法，很自然的一件一件事情慢慢解套。

老爸車禍後，我經歷了一些無法解釋的現象，我想分享給家人，卻找不到合適的用詞來形容我的感受，後來我想想，這樣也好，這些感受就放在心底吧。將來有一天，如果時機成熟我就分享出去，如果沒有機緣，就留存心中，生活隨緣比較自在。

兩個我互相撞擊

兩年後，以前的我與當下的我，總在不聲不響之際，互相撞擊著，好痛！我無法像以前那樣隨意安排自己，老爸醒來後我必須放下自己，照顧打理你的一切食衣住行。當你入睡後，我也累了，但我還是無法休息，因爲還有該做的家務與瑣事。也因如此，有好長一段時間，我活得如行屍走肉，像一部機器，日復一日沒有自我，當時的我以爲，只要你好我就好。事實不然，應該是我好，你的狀況才會好。

當我都無法安頓好自己，如何安頓好你？這層道理，我歷經無數次的崩潰哭泣後，透過靜心，才開始漸漸找到曙光，然後正視自己內心的害怕跟不願意解開的結。我開始剝下身上的盔甲，讓心裡的傷口透透氣，然後，內在跟外在的我，碰撞的次數變少，碰撞力道也逐漸變輕。兩個我彼此衝突，受傷害的是自己不是別人；讓自己受傷的不是別人，是自己跟自己過不去的負面能量。負面想法會燒毀內心深處原本信心滿滿的自己，一切的信念與希望將脆弱不堪，把自己困在逃不出去的糾結裡。跌跌撞撞後，才深刻體會出自己要什麼，看清自己的盲點後，我開始檢視、照顧、愛自己。

以前我就吃得簡單，很隨意沒有忌口，想到什麼吃什麼。如今我除了注意飲食外，還養成定期運動、盡可能保持心情愉快、適時放鬆出遊，接近大自然的習慣。我怕我沒有健康的身體跟體力可以照顧你，我想跟你一起牽手走一輩子，我不要哪天我先走了，你得孤單一個人。如果你先走了，那我該找誰陪我？牽誰陪我一起散步？

生命長短無人能決定，我能決定的是，在人生歲月裡，是臥床多年離世？還是身軀雖老邁，但是活動無礙？

你答應我一起完成的夢，一個都還沒完成；我們想過的日子才開始萌芽，絕不能因爲一個意外毀了我們的人生。當兩個我互相撞擊時，我也曾想放棄不再努力，然後看命運如何毀滅我們。但最後我還是不願就此低頭，是倔強吧。山不轉路轉，路不轉人轉，走到沒路我就自己開路。我發現靜心可以讓自己放空，然後爲自己注入正念能量，希望又會再度升起，有了希望就有方向。面對外界的我很堅強，躲在內心深處的我很軟弱，我告訴自己不能亂了陣腳、要穩住，堅強與軟弱可以並存。人生路要走穩，才有機會察覺到身邊人事物的美麗。

你一生勤奮，在事業巔峰、身強體壯之年，出了這場車禍。

是福是禍？由我們決定。

永遠不會知道的答案

你在出車禍前兩年，對我卯起來的好，幾近溺愛，有時讓我快要消化不了。現在回想起來，無法解釋，有時我甚至在想，是否你潛意識裡知道對我的照顧即將暫停，所以在還可以時，用盡全力來讓我感受你龐大的愛跟照顧。

對於這場車禍，我曾經無法釋懷，認爲你的車禍是我沒有注意到某些事才造成的。我跟你無話不談，唯有一件事，是在車禍半年前發生的，因爲跟你有關，我更不知該如何向你提起。

那半年，在我睡醒、在自家佛堂上香、開車、寫作、與朋友聚餐，在任何時候，總會浮出一個意念：「福氣用完了。」當次數多了之後，我開始有些介意，因爲意念越來越明顯，對象直指你。我很害怕，以爲自己得了妄想症。那陣子很想找個機會跟你說，但一直找不到合適的時機跟你聊我的胡思亂想。另一方面我也六神無主，怎麼

可以詛咒自己的丈夫？

我想到家中供奉的觀世音菩薩，我上佛堂去請示，從人際、事業、家庭、婚姻、健康開始，得到的都是蓋杯，唯獨健康出現三次笑杯。我馬上幫你安排兩個禮拜後的全身健康檢查，爲求慎重還選擇了最詳盡的健檢套餐。結果出來了，一切正常，且數值顯示健康狀況很優，只有一項：疑似青光眼，門診追蹤即可。健檢醫師幫你安排了眼科門診檢查，預約一個禮拜後看報告。車禍當天早上，你就是去看報告的，報告顯示你一切正常，你還很自豪已快年過半百了，視力依舊一·〇。但就在當天傍晚，你出了這場車禍。

車禍前我們說好隔月要去關渡看屋，打算爲兩年後的生涯規畫做準備。你說你知道我想要的小屋是怎樣的感覺，說要給我驚喜，等你整理好幾家要出售的房子資料後，再帶我去看看。我們約定等孩子大了，就搬回台北找個有山有水的地方安住。你做足功課，找了幾處安靜又可以種花養魚的屋子，興奮的安排隔月中旬一同去看看。

你打算五年後退休，陪我做偏鄉服務或是任何我想做的事。一起看屋這個約定，無法成行了。**我應該永遠不會知道，你為我找的幸福小屋在哪**？

忘記的智慧

忘記是一種風度，捨得是一種聰明，
懂得忘記的心靈昇華，讓精神得到提升，
懂得捨得會活得很出色。
學會忘記，懂得捨得，
這樣生活就會輕鬆許多。

這是J大哥給我的短文中抄下來的句子，每當心靈乾枯時，我會找出這些隨筆抄下的小品，細細咀嚼，讓文字化成力量注入心靈，灌溉它，讓它繼續爲我的人生路開道。我喜歡這樣的充電，隨時隨地不受任何時間地點的影響，給自己一些能量。

上帝爲你關上一扇窗，勢必會爲你再開啓另一扇窗。上天關上我原本習慣的窗，

祂不是殘酷的在刁難、折磨我，祂爲我另開了一扇窗，讓我非得接受現實，然後運用智慧找出路。你車禍意外，讓我反思自己有多渺小，察覺到自己對待身邊人是多麼的不用心。我認眞去體會、感受另一扇窗外的世界，跟我原本的世界有何不同？而這些改變跟不同，對人生有什麼意義？如果我還依戀著之前的日子跟回憶，如何能靜下心來好好面對未來？

有人問我：「你們夫妻感情一定很好，所以妳才肯這樣照顧他，沒有離開。」

其實，我們雖是初戀，但因爲環境不同，吃足了苦頭，逃不開的陰影跟壓力，跟隨我們大半輩子。一場車禍失憶，你逃開了壓力，我灌入了勇敢，獨自對抗陰影跟壓力；經歷了許多痛、背負諸多罪名，但我不悔不怨，因爲我們找回了以前想過的人生跟生活，不再在乎是是非非與七嘴八舌。

婚姻路吵吵鬧鬧，最愛的還是對方。若沒有深厚的感情基礎，我或許不會走得如此甘之如飴。這個意外除了考驗我，讓我學習獨立外，它還有一份使命感，就是我給孩子們的身教。他們將來會組成家庭、經營婚姻，現在孩子們看在眼裡的一切，就是最好的身教！

日後他們在工作、家庭、人生路上遇到了困境，至少有跡可循，知道他們的母親是如何面對難關與逆境的。我相信我做的抉擇、處事態度跟解決問題的能力，都會帶給他們一些影響。當然我也有軟弱、無助、失控的時候，而我是如何跌倒了再爬起來的，孩子看在眼裡，這是我身爲母親的使命。我能做的，就是讓孩子們學會：遇到困難不要慌，勇敢去找出路。

我們希望可以被看見

你不再是以前那個你，我還沒有完全準備好接受，還是會想起以前的你。偶爾會在清晨醒來時，忘了我們已經搬回台北，看著身旁熟睡的你，會以爲你今天只是沒通告在家。

你的人生已經達到飽和了嗎？我能與你創造醫學奇蹟嗎？雖然對你充滿信心，但是面對奧祕複雜的大腦結構，就算我們有再多信心跟努力，能夠創造奇蹟、戰勝大腦嗎？

你在受傷兩年後，花了大約一個月的時間，學會了周華健的《愛情路》、這首我們都未曾聽過的歌。我利用自學的一些復健技巧，在你身上看到進步跟改變，你學會了這首新歌，是不是表示大腦的可塑性？那麼，人的潛能是否也是如此？

任何事物都可以利用有效的學習方法，那受重創的大腦也能如此嗎？未開發的腦細胞要如何啓動？在台灣有針對腦創傷患者的腦部復健課程嗎？老爸受傷後的一年，我尋遍台灣的書局，找不到專門闡述腦重創後的相關症狀及後遺症的專門書。前兩年，我一共購買了近四十本針對腦部陳述的相關書籍，連同語言、各式療法等書籍，前前後後買了近百本。相關雜誌更是不放過，從這些書籍雜誌中抽絲剝繭，試著找尋適合老爸的腦部復健資訊，設計成教材，融入生活中。

我常想，交通事故造成腦創傷的患者何其多，爲什麼沒有相關的後續治療書籍可以參考？是否每位車禍腦創傷患者的家屬，都跟我一樣單打獨鬥？這些家庭是如何度過漫長的陪伴歲月？傷者接下去的人生又是如何生活的？爲什麼沒有一個有關腦創傷的支援團體，可以讓傷者及家屬有些依循與幫助？誰能告訴我一個答案？

跟我有類似遭遇的家庭，在這塊土地上一定很多，他們是如何承受社會的忽略？如何在角落孤軍奮鬥著？我希望這些家庭可以被看見、被關注。違規的不是傷者，但傷者的家庭卻因對方的疏忽而應聲倒下，我們能有什麼樣的管道可以協助他們？支持他們？而我，也是這群人的其中一員，但我是幸運的，因爲我會找尋資源、利用支援系統，帶著你一邊復健一邊過著不愁三餐的生活。但是其他家庭呢？他們會不會因爲

經濟上的窘境，配偶必須身兼數職、孩子中斷學業去就業來減輕家庭開支？如果是這樣，情何以堪？

如果我的故事，可以給跟我類似遭遇的家庭一點能量，或是引起社會上的一點關注或共鳴，那麼一路來，得到諸多身邊貴人的幫助，才有意義。因爲我也能夠用自己的力量，再去幫助比我更需要幫助的家庭。我們的社會需要多一點善的力量，我是小人物，一個平凡的女子，我這個微小的心願，希望可以萌芽。

後記

我在慢慢走出來，希望你也是

你車禍半年多後，我開始排斥經過南崁交流道、我害怕機車催油門的引擎聲、恐懼面對汽機車來回穿梭的路口、擔心過馬路時會有車輛沒注意到我們；太多太多的萬一，讓我每次出門都戰戰兢兢。又過了半年多，狀況依舊沒有改善，甚至出現手心冒汗、不想外出，這影響了我的生活。

我求助於醫師，醫師說從另一方面來看是好事，因爲這表示我長期壓抑的壓力總算開始釋放了。醫師幫我開了一些藥，讓我的恐慌可以減緩，畢竟生活在都會區，不可能永遠不過馬路，聽不到汽機車聲音。

服藥後，狀況稍微和緩，恐慌心悸的狀況及次數逐漸減少，雖然還是會排斥，但我試著用自己的方式去克服。我不使用中山高速公路，我利用高鐵、火車南來北往；我在兒子半強迫半鼓勵下，勉強自己再騎上機車，至少可以方便到住家附近辦事或採買日用品；在外聽到刺耳的引擎或煞車聲，我就默念「別慌別慌，不關我的事」。

又過了一年，我在白天食欲、精神都還好，但奇怪的是，每晚當老爸就寢後，我便開始找零食吃，這對從小不碰零食的我來說有點異常。我沒多想，直到一個多月胖了六公斤，尤其在一週胖了兩公斤後，開始有了警戒，叮嚀自己晚上不可以再狂吃零食了。但每到夜晚，不管餓不餓都非得吃上一定份量的零食、灌一大杯飲料後，才能放鬆有睡意。我知道這不對勁。

當我已能掌控你的狀況，照顧你也駕輕就熟後，才開始察覺自己走過的這段路是如此驚心。從接到車禍電話到面臨生死交關抉擇，是否轉院、出院後的去向、一次又一次的手術煎熬、接受二十四次高壓氧治療卻沒有進展的失望、中西醫療法的安排是否得當等，大大小小的決定沒有停過，我只專注在你身上，忘了我還有自己，我的身體開始對我發出警訊。

體重的攀升讓我懷疑自己有了壓力性肥胖。我心裡慌，卻無能爲力克制自己別再吃零食，這對一向自制力不錯的我來說，更是焦慮，狀況越來越糟，零食的份量越吃越多。好不容易不再那麼害怕汽機車的油門聲了，怎麼又出這個紕漏？我有點懊惱自己這樣，卻無法改善，也不知該如何是好。

事出必有因，我知道我在逃避某些東西。我不想面對，是因爲還找不出如何面對的方法，既然自己都還理不清，如何清楚明白說出來讓人了解？這些被壓在心底的結，或許因爲無處抒發，所以才將壓力轉移到吃上吧！

我是個不喜歡哭訴的人，以前唯一可以說心事的對象就是你，任何疑難雜症跟你說，你都可以從我陳述的內容中，一針見血點出我的盲點。我喜歡跟你分享心事，天南地北任何話題都能聊。現在位置對調了，我成了你的天、是我在保護你、照顧你，只是，這樣突如其來的角色互換，我眞的準備好了嗎？以前我還有個說心事的伴，如今我成了孤兒，事事需獨當一面，我調適好了嗎？

秋天了，我狂吃零食的狀況漸漸沒了，取而代之的是吃冰。就連二〇一六年的元旦假期，全台四處下雪的超級強烈寒流來襲時，我也在深夜氣溫約四度的狀況下，穿上雪衣，窩在關了燈的廚房裡吃冰淇淋。我很享受吃冰的那種感覺，一口接一口停不下來，後來還到超市購買量販包的冰品回家。無論氣溫幾度，只要你一入睡，我就會在做完家事及瑣碎事後，去冰箱找冰吃。

幾個月後，無意中看到一則報導，一對經營冰店的夫妻，妻子因爲工作關係，天天吃冰。有天她罹癌了，醫師罵丈夫，告訴他如果再不節制老婆吃冰，命就要沒了！丈夫決定將冰店改賣熱湯圓，不論冬天或夏天，只賣熱湯圓。這一賣賣出了美食名聲，記者訪問他們，丈夫才道出賣湯圓的機緣。

這篇瞥眼一過的報導，觸動了我的心。當晚，我把冰箱剩下的幾盒冰品吃完，隔天壓抑住購買的欲望。我想起媽媽的笑臉、想起一家四口在一起的模樣，我放下欲望，戴上耳機，放了一段演講，試著將自己投入在以前睡前的習慣中，讓閱讀或聽演講陪伴睡前的時光。

過沒多久，我開始在夜晚上網逛賣場，想到什麼就搜尋什麼，下了訂單便印出明細貼在冰箱上，等貨品寄來。貨品一到就馬上開封、給賣家評語，然後拿下冰箱上的訂單明細表，送進碎紙機。聽著紙張被輾碎的聲響，有股又完成一項工作的滿足感。

夜晚，我不再閱讀，不再靜心聽音樂，我把寫到一半的稿子擱在一旁。

這個沒有退路的人生改變，讓我的身體狀況出了問題，也讓我的心破了一個大洞。我自知不可以這樣，卻克制不住自己的行為，我很急，卻苦無對策。吃零食、吃冰、上網購物，都是我以前從來不做的事，如今會成為壓垮自己的惡魔嗎？我決定克服這些一而再、再而三出現的壞習慣。我安排了旅行，透過到陌生國度或台灣不同縣市的自助行，試著克制自己不做這些討厭的事。幾次下來，我漸漸可以抓到訣竅，轉移注意力，漸漸不再被壞習慣控制。

在寫此書時，我還在努力克服中，它無所不在，時而消失時而出現，擾亂我的生活。但是次數變少了，而且我已經可以應付，只讓念頭湧現，絕不讓它成為行動。雖然久久還是會有失控的時候，偷吃一點冰、胡亂買個東西，但是我已經很努力，相信次數會越來越少。

希望這本書出版時，我已經克服了陰影。你一直在努力進步，絕不能因為我而停擺！雖然我還不知道要怎麼身體力行去克服，也不知道後面還有多少關卡在等著，但是明天會遇到什麼，沒有人可以事先預想。所以上天是公平的，我並沒有被虧待，所以我不怨天，也不怨人，日子的好壞，我自己負責。

這是我們的故事，它還沒有結束。

如果有感動，請提醒自己或旁人，開車或騎車外出，千萬千萬不要搶快；請告訴周遭的親朋好友，受害者的人生跟家庭，很可能因爲自己的一時疏忽，而造成永久的傷害。

如果有能力，請幫忙讓政府的社會福利及聯繫系統更加清楚明朗，讓有需要的家庭不用單打獨鬥。

如果有機會遇到跟我類似遭遇的家庭，請告訴他們，不要放棄家人跟自己。不要走絕路、不要躲起來，天底下沒有過不去的日子，沒有克服不了的難關。

奕安給爸爸的信

面對不認識自己和家人的爸爸，我沒做好心理準備，在某種意義上失去爸爸，我不知道要如何面對什麼都不記得的他。除此之外更讓我無助的，是爸爸短期記憶缺損，認知能力也嚴重下降，因此每次努力和他建立起一點回憶的連結，五分鐘後就不存在了。一次次的遺忘，就像一次次的失去，真痛。

爸爸出事後的幾個月，我沒有哭。我覺得，若我哭，爸爸就永遠回不來了。我不斷說服自己，他只是狀態不好，再過一段時間，就會記起我們了。再給爸爸一些日子，他就會好起來，我根本沒必要哭。我要堅強，忍住眼淚，當爸爸想起一切時，會稱讚我在這段時間沒有驚慌失措的良好表現。

日子一天天過，爸爸沒有如同我想的越來越好，或是說，他進步的速度真的很慢很慢，我等不到他清醒稱讚我的那一天。逐漸的，不能哭的壓力越來越大，對我內心的影響也不斷增加。幸好，這段期間同學不斷給予支持，終於有一天，我在他們的陪伴下哭了出來，幾個月的壓力全部釋放，我哭得很慘。我很感謝，在人生最低潮的時候，給予我安慰和鼓勵的同學。在最脆弱時，能有人陪伴自己，是世上最幸福的一件事。

腦部重創的爸爸，沒人知道他哪些記憶還存留著，哪些已遺忘消逝？我決定重新認識彼此，就當我有一個全新的爸爸，原本的爸爸就放在回憶裡吧！我重新認識他、與他互動，有時候我不把他當爸爸，而是當作一個朋友來看待。好天氣時，我們兩個人去騎腳踏車或爬山，我會像對待朋友般和他講話，例如用激將的語氣和他說：「是不是爬不上去呀？」或是「我們來比賽，看誰先到那座橋下！」這種口氣跟態度，都是不可能跟出事前的爸爸說的。

車禍前的爸爸比較有威嚴，我跟弟弟不太敢跟他開玩笑，但現在的爸爸就不一樣了，許多玩笑他都可以坦然接受，真慶幸他的幽默感沒有被車禍給奪走。漸漸的，想法有了轉變，我並非認識一個全新的爸爸，而是認識一個最真實的爸爸。每次和爸爸開玩笑，他都笑得燦爛，車禍前的他很少對我們這樣笑。

爸爸的車禍，也許不完全是個悲劇，雖然他許多記憶喪失，但現在能自由表達內心最真誠的情緒和想法，對工作壓力破表又操勞的他來說，也不完全是不好的結果，至少我認為，現在的爸爸不用再為生活上的大小事煩惱，因此比以前快樂許多。以前的爸爸工作太辛苦了，車禍或許是上天給他休息的機會，爸爸就好好休息吧！

人生的路還很長，爸爸可以借此放下包袱，用不一樣的角度和態度，體會接下來的人生。

大兒子　爽安

Eurasian Publishing Group
圓神出版事業機構
用心與你對話・視野無限寬廣

方智出版社
Fine Press

www.booklife.com.tw　　reader@mail.eurasian.com.tw

自信人生 141

等你回來，雖然你從未離開

作　　者／燕子
插　　畫／小莊
發 行 人／簡志忠
出 版 者／方智出版社股份有限公司
地　　址／台北市南京東路四段50號6樓之1
電　　話／（02）2579-6600・2579-8800・2570-3939
傳　　真／（02）2579-0338・2577-3220・2570-3636
總 編 輯／陳秋月
資深主編／賴良珠
責任編輯／胡靜佳
專案企畫／沈蕙婷
校　　對／胡靜佳・賴良珠
美術編輯／林雅錚
行銷企畫／陳姵蒨・曾宜婷
印務統籌／劉鳳剛・高榮祥
監　　印／高榮祥
排　　版／杜易蓉
經 銷 商／叩應股份有限公司
郵撥帳號／ 18707239
法律顧問／圓神出版事業機構法律顧問　蕭雄淋律師
印　　刷／祥峰印刷廠
2017年7月　初版

定價 290 元　　ISBN 978-986-175-463-5

我不當你是無意識的病人，
你是我最親的家人，
是跟我同甘共苦一輩子的男人。

——《等你回來，雖然你從未離開》

國家圖書館出版品預行編目資料

等你回來，雖然你從未離開／燕子 作.
-- 初版. -- 臺北市：方智，2017.07
320面；14.8×20.8公分 --（自信人生；141）

ISBN 978-986-175-463-5（平裝）

1. 生活指導　2. 照顧者

177.2　　106007128

上圖　車禍前，我們最後一次的合照。
下圖　在加護病房，我們緊握著你，呼喚你。

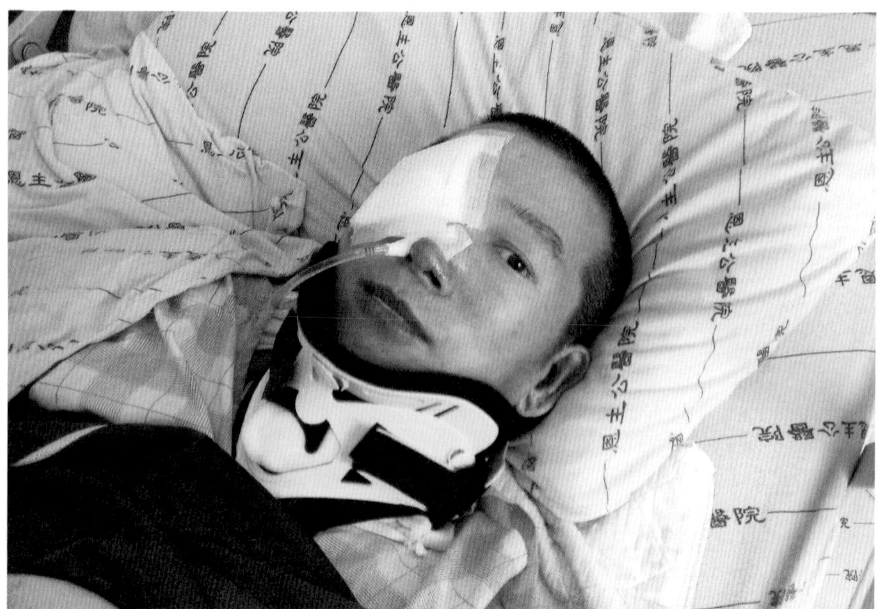

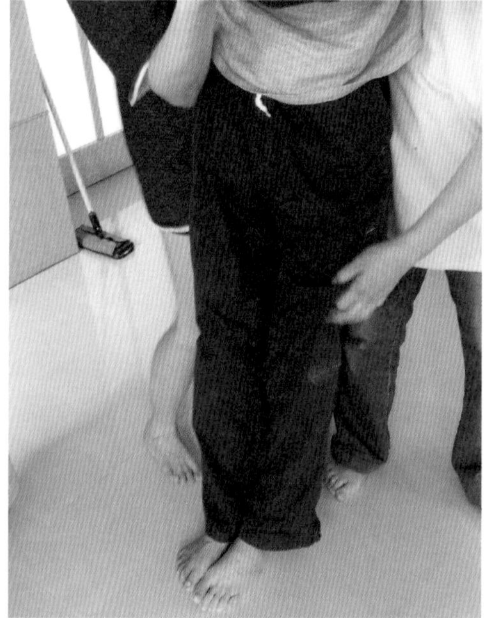

上圖　離開加護病房，轉入一般病房後。
下圖　出院後，撐起你學站立，必須壓下你的腳底板，撥你的腳往前跨。

上圖　家裡上下貼滿兩百多張照片，但你一點回應也沒有……
下圖　我每天推你下樓散步、曬太陽。

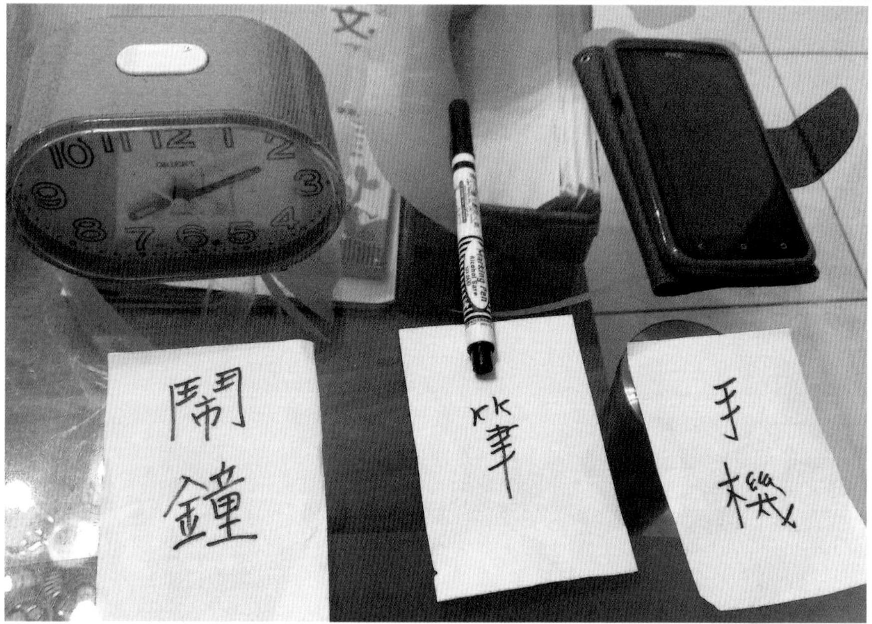

上圖　四個月後，你憶起了行走，卻不知道牽著的我是誰。
下圖　教你重新認識物品名稱。

上圖　兒子也重新教你認字、寫字。

下左圖　現在的家有一面牆，牆上有跟你合作過的攝影師簽名，我希望能為你的記憶留下一點痕跡。

下右圖　翻出你背袋中的工作手套後，終於明白，這雙破舊的皮手套，是你多年來守護我、守護家，留下的痕跡。所以我決定，為你堅強、接手替你守護這個家。

上圖　一年後的夏天，我們去澎湖找回憶，巧遇任賢齊導演正在拍攝電影《落跑吧愛情》，小齊導演的親切熱情，讓我感受到人間最美的溫馨，謝謝劇組工作人員的句句「朱師傅加油」。

下圖　第三年夏天，我們一家四口重新踏上澎湖，陪你嘗試你遺忘了的活動。

上圖　當你願意獨自跳水時，大家在海中等你，只為要給你一個「你做到了！」的鼓勵。
下圖　自錄自拍記錄你的每一刻，我想讓你明白，你是真實存在，哪怕記憶稍縱即逝。